Ausgewandert 1883:
von der Unstrut nach Ohio

Skizzen aus einem Auswandererleben
und zur deutschen Emigration
im Laufe des 19. Jahrhunderts

Rosemarie C. E. Leineweber

Abbildung Titelseite:
Antwerpen. Schiffsanleger und Museum ‚Het Sten'. Hier begann die Fahrt über den Atlantik.

Abbildung Rücktitel:
New York. Freiheitsstatue auf Liberty Island (eingeweiht 1886) und die seit 1892 eröffnete Bundeseinwanderungsstation ‚Ellis Island' vor Manhattan (zeitgenössische Montage; in der Realität liegen die Inseln weiter voneinander entfernt)

© 2019 Rosemarie C. E. Leineweber

Satz, Layout: Rosemarie C. E. Leineweber
Umschlaggestaltung: Tobias Gembalski
Lektorat und Korrektorat: Wanderpult und Bernd W. Bahn
Herausgeberin: Rosemarie C. E. Leineweber

Verlag und Druck: tredition GmbH, Halenreie 40-44, 22359 Hamburg

ISBN: 978-3-7482-9454-2 (Paperback)
ISBN: 978-3-7482-9455-9 (Hardcover)

Bibliografische Informationen der Deutschen Nationalbibliothek:
Die Deutsche Nationalbibliothek verzeichnet diese Publikation in der Deutschen Nationalbibliografie; detaillierte bibliografische Daten sind im Internet über http://dnb.d-nb.de abrufbar.

Inhalt

Vorab

Nur verschwommen kann ich mich an Erzählungen der Erwachsenen aus meinen Jugendtagen über den Urgroßvater in Amerika erinnern. Es war eine Familienfeier, möglicherweise der 80. Geburtstag unserer Oma, zu dem in der Nebraer Wohnstube in der Laternengasse ihre Kinder und einige ihrer Enkel beisammen saßen, als Abends zu vorgerückter Stunde ein entfernter Familienangehöriger in Amerika in einem Ort mit „m" und dessen Nachkommen erwähnt wurden. Es hieß, wir hätten noch Verwandte in Amerika.

1 - Nebra. Haus in der Laternengasse um 1940

Damals trugen viele der Erwachsenen, ich erinnere mich an die Onkel Oskar, Fritz und Paul, die Tante Wally und an meinen Vater, ein Stück zu der Geschichte bei.

Diese Begebenheit geriet in Vergessenheit, bis ich für meine Enkelkinder 50 Jahre später einen Stammbaum ihrer Ahnen erstellte und dazu viele wichtige Informationen von meiner Cousine Hannelore erhielt. Seit Mitte der 1990er Jahre unterhielten wir uns bei meinen häufigen Aufenthalten in Nebra mehrfach über die Großeltern und Urgroßeltern, zumal ich nur sehr wenig von ihnen wusste und in Hannelore und ihrem Mann Willi einen sprudelnden Quell an Geschichten und Begebenheiten fand. Ihnen ist viel von dem zu verdanken, was ich über die Nebraer Verwandten weiß.

Auswanderungsgründe

Auswanderer verlassen ihre Heimat entweder freiwillig oder notgedrungen aus wirtschaftlichen, religiösen, politischen, beruflichen oder persönlichen Gründen.

Die miserable wirtschaftliche Situation der Arbeiter in den Städten und der Landbevölkerung des Deutschen Kaiserreichs hatten im Verlauf des 19. Jahrhunderts etwa 5,4 Millionen aus dem Mutterland zur Auswanderung nach Übersee getrieben. Die USA blieben während des gesamten 19. und beginnenden 20. Jahrhunderts das Hauptziel deutscher Emigranten. In der Periode von 1850 bis 1890 stellten die Deutschen sogar die größte nationale Einwanderergruppe.

2 – Bremerhaven. Vor der Lloydhalle in Erwartung eines Lloyddampfers.

Nach den Befreiungskriegen und dem Ende der französischen Besatzung stiegen die Auswandererzahlen rasant. Ursachen waren die stetig wachsende Bevölkerung. Häufige Missernten infolge der Klimaverschlechterung in der ersten Jahrhunderthälfte und die sich daraus ergebenden Hungersnöte bedrohten die Existenz vor allem der Landbevölkerung, die in einer Auswanderung oft die einzige Möglichkeit des Überlebens ohne Verarmung sah. Die Teuerung bei Roggen, Kartoffeln und anderen Lebensnotwendigkeiten tat ein Übriges. Hinzu kam der industrielle Wandel der bislang landwirtschaftlich geprägten deutschen Teilstaaten mit Verstädterung und Verarmung breiter Bevölkerungsschichten. Die übliche Erbteilung auf verschiedene Nachfahren, die sog. Realteilung[1], minderte das einzelne Erbteil in existenzbedrohlicher Weise. Als ein weiterer Grund kann die Umgehung der Wehrpflicht gegolten haben.

Sicher reizte viele junge Leute auch der Traum von Abenteuern, Aufbruch in unbekannte Welten und Entdeckerlust; heute nennt man es Selbstverwirklichung.

Somit wurde eine Auswanderung zur Option, zumal nach dem Wiener Kongress die Auswanderungsverbote zuerst gelockert und später ganz aufgehoben wurden. Zudem gewährleistete die Entwicklung von Dampfschiffen eine schnellere und weniger gefahrvolle Atlantiküberquerung.

Doch war für viele der Abschied von Deutschland ein Abschied für immer. Von nun an stellten Briefe die einzige Verbindung zur alten Heimat her.

Werbekampagnen von Agenturen der Reedereien, die an der Überfahrt verdienten, trugen ebenso zu einer vermehrten Auswanderung bei, wie die Ausgewanderten selbst, die Angehörige und Freunde in die Neue Welt nachzuholen versuchten.

---

[1] Verelendung der Kleinbauern durch gleiches Aufteilen des Besitzes, fortgesetzt bei jedem Erbgang mit Entstehung von Kleinstparzellen im Gegensatz zum Ahnerbe der Erstgeborenen

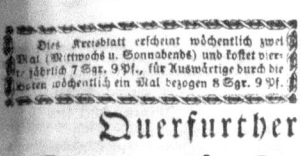

3 – Zeitungsausschnitte zur Werbung für die Auswanderung durch mehrere Agenturen im ‚Querfurther wöchentlichen Kreisblatt'

Schifffahrtsunternehmen kontaktierten Auswanderungswillige bereits in der Heimat lange Zeit vor der Ankunft im Ausreisehafen. Die Reedereien arbeiteten z. B mit Maklern und diese wiederum mit Agenturen zusammen, um vor Ort Schiffspassagen anzubieten und zu verkaufen.

Die entsprechende Werbung für die Unstrutregion erfolgte auch im „Querfurther wöchentlichen Kreisblatt" – hier Beispiele aus dem Jahr 1849, 1851 und 1857 mit Angeboten und Tipps für Auswanderer.

Den oft langen Weg zum Einschiffungshafen legten die Auswanderer in der zweiten Hälfte des 19. Jahrhunderts mit der Bahn (zuvor zu Fuß, Schiff oder per Postkutsche) zurück. Die Häfen von Hamburg waren seit 1842, Bremen seit 1847 und Bremerhaven seit 1862 mit der Eisenbahn zu erreichen. Dort mussten die Auswanderer oft eine mehrwöchige Wartezeit in Kauf nehmen, bis sie endlich an Bord gehen konnten.

Zuvor hatten sie ihren gesamter Besitz veräußert zum Ticketkauf zur Hafenstadt, für den dortigen Aufenthalt bis zum Ablegen des Schiffes, für die Schiffspassage an sich, Unkosten während der Überfahrt, die Reise zum Zielort in den USA und für den Aufbau einer Existenz in der Neuen Welt. Wer Scharlatanen aufgesessen war, verlor Teile seiner Barschaft.

4 - Hamburg. Einschiffung von Zwischendeckern.

Die Einwanderer erwartete in den USA die Möglichkeit zu kostenlosem Landerwerb, politische Selbstbestimmung, bürgerliche Freiheit, staatliche Sicherheit und wirtschaftliche Unabhängigkeit in einem industrialisierten Land.[2]

Nach Beendigung der Wirtschaftskrise und des Amerikanischen Bürgerkriegs (1861-1865) sowie dem Abklingen des wirtschaftlichen Aufschwungs der Gründerzeit in Deutschland kam es zwischen 1880 und 1893 zu einer erneuten Auswanderwelle, in der über 1,7 Millionen Menschen das Deutsche Reich verließen.[3] Bremerhaven war nun der bedeutendste deutsche Auswanderungshafen, denn dort konnten größere Schiffe mit mehr Tiefgang anlegen. Seit 1850 gab es ein Auswandererhaus, heute ein sehenswertes Museum.

5 - Bremerhaven. Lloydhalle, dort legten die Transatlantikschiffe an.

[2] Brunner 2011,1; Deutsche Überseewanderung. wikipedia.org Abruf 04.05.2019; Geschichte der Deutschen in den Vereinigten Staaten. wikipedia.org Abruf 04.05.2019; Geschichte der Deutschen in den Vereinigten Staaten. wikipedia.org Abruf 04.05.2019; Blaschka-Eick 2010, 106
[3] https://www.dhm.de/lemo/kapitel/reaktionszeit/alltagsleben/auswanderung.html Abruf 06.05.2019

6 – Bremerhaven. Blick über Hafen und Stadt

7 - Hafen von New York City

8 - Antwerpen. Hafen mit Bonapartedock.

Im Zeitraum zwischen 1871 und 1890 wurden direkt über französische Häfen 91.595 und über Antwerpen 202.436 deutsche Auswanderer befördert.[4]

---

[4] http://wiki-de.genealogy.net/Deutsche Auswanderer, Abruf 06.05.2019

Reedereien – Schiffe – Schifffahrtsrouten

„Mehr als 140 Jahre lang gab es internationale Passagierdampfer in Liniendiensten nach Übersee, von 1840 bis in die 70er Jahre unseres Jahrhunderts [des 20. Jh.]. Die Passagierschiffahrt hat einen entscheidenden Anteil an den Entwicklungen und Ereignissen dieses Zeitraums, die unsere heutige Welt prägten. Nächst den britischen war die deutsche Übersee-Passagierschiffahrt die bedeutendste."[5]

Segelschiffe waren bis etwa zur Mitte des 19. Jahrhunderts die einzige Option, den Atlantik zu überqueren.

Erst in den 1830er Jahren eröffnete der Reeder Robert Miles Sloman einen regelmäßigen Liniendienst mit Dampfschiffen von Deutschland in die Vereinigten Staaten. Doch noch ein Jahrzehnt danach schifften sich mehr als drei Viertel der deutschen Auswanderer nicht in einem deutschen Hafen, sondern in Le Havre, Antwerpen, Rotterdam oder London ein. Deutschland hatte vorerst den Anschluss an die Entwicklung des transatlantischen Schiffsverkehrs v. a. deshalb verpasst, weil es vor 1871 als einheitlicher Staat mit entsprechenden Subventionsmöglichkeiten noch nicht existierte.[6] Bislang besaß es daher keine ausreichende Überseeflotte.

Bis 1850 blieben Reisen mit Dampfschiffen über den Nordatlantik ein Privileg wohlhabender Passagiere. Für die Auswanderer, die größte Gruppe der Reisenden, blieb derweil das Segelschiff das übliche Transportmittel.

Zu den größten Schifffahrtsunternehmen, die Auswanderer in die Vereinigten Staaten brachten, gehörten ab Mitte des 19. Jahrhunderts der Norddeutsche Lloyd (NDL)[7] aus Bremen und die HAPAG[8] aus Hamburg. 1879 kosteten Überfahrten mit dem NDL von Bremen nach New York in der 1. Cajüte 500; der 2. Cajüte 300 und auf dem Zwischendeck 120 Reichsmark pro Person.[9] Zugleich entbrannte ein Konkurrenzkampf um die Dauer der Fahrt.

---

[5] Kludas 1986, 7
[6] Kludas 1986, 10
[7] Bremer Reederei von H. H. Meier und E. Cüsemann
[8] Hamburg-Amerikanische Paketfahrt-Actien-Gesellschaft unter Leitung von Albert Ballin (1857-1918); beide fusionierten 1970 zum Hapag-Lloyd AG
[9] Kludas 1986, 80

Speisesaal I. Cajüte.

Gesellschafts-Salon I. Cajüte.

9 a, b – Hamburg-Amerika-Linie: Salons für Passagiere I. Klasse, Speise- und Gesellschaftssaal

Damen-Salon I. Cajüte.

9 c – Hamburg-Amerika-Linie: Damensalon für Passagiere I. Klasse

Auf der Transatlantik-Route konkurrierten zusätzlich auch die Holland-Amerika Lijn aus Rotterdam und die Red Star Line aus Antwerpen. 1881 kam mit der Carr-Linie, die ausschließlich Auswanderer von Hamburg nach New York transportierte und ihnen gestattete, sich auf dem Schiff frei zu bewegen, ein weiterer Konkurrent hinzu. Die Passagepreise sanken auf dem Zwischendeck um ein Drittel auf verlustbringende 80 Mark.[10]

Die in Antwerpen ansässige Red Star Line (RSL) war eine belgisch/US-amerikanische Reederei. Sie betrieb einen Liniendienst auf dem Nordatlantik zwischen Europa und Nordamerika mit zuerst Philadelphia, später New York als Zielhafen und kleineren, nicht so leistungsfähigen Überseedampfschiffen. Mit der 1883 in Dienst gestellten WESTERNLAND (5.736 BRT) zog die Reederei dann mit anderen zeitgenössischen Dampfern gleich.

---

[10] https://wiki/Hamburg-Amerkanische-Packetfahrt-Actien-Gesellschaft

Überfahrt und Einreise

Bevor Dampfschiffe in Dienst gestellt wurden, dauerte die Überfahrt mit dem Segelschiff bei günstigen Winden 35–42 Tage. Pro Familie durfte ein Gepäckstück mitgenommen werden. Die Ernährungslage und die hygienischen Bedingungen an Bord waren katastrophal, denn ein Zehntel der meist armen, oft geschwächten Auswanderer, darunter auch Kinder, überlebte die Schiffspassage nicht. Im Zwischendeck mit vielen Menschen in einer Kajüte sehr beengt untergebracht, schauderhaftem Essen, nach Tagen brackigem Trinkwasser, Hunger bei eigenem fehlkalkuliertem Proviantumfang, damit einhergehenden Mangelerscheinungen, Ungeziefer, Krankheiten wie der Ruhr z.B., und der entsetzlichen Langeweile ....

Dies besserte sich erst, als Gesetze und Verordnungen für Bau und Ausstattung der Auswandererschiffe (Raumbedarf pro Passagier, Schlafplätze, Ventilation, Beleuchtung, sanitäre Einrichtungen, Verpflegung, medizinische Betreuung, Rettungsausrüstung, wasserdichte Unterteilung der Schiffe) erlassen wurden.

Durch Dampfschiffe verkürzte sich die Überfahrt anfangs auf 13–19 Tage, gegen Ende des Jahrhunderts sogar auf neun Tage.[11]

Bis Mitte der 1880er Jahre war dann ein Gleichstand zwischen Segel- und Dampf-Auswandererschiffen erreicht.[12] Konnte ein zwei- oder dreimastiges Segelschiff (Brigg oder Bark) bis zu 250 Passagiere transportieren, ließ sich die Passagierzahl mit dem Dampfschiff auf bis über 1.000 Personen steigern.[13]

Die Einreise für deutsche Einwanderer in die Vereinigten Staaten gestaltete sich anfänglich relativ unkompliziert. Im bisherigen Battery-Park Castle Garden wurde 1855 an der Südspitze Manhattans das ‚State Emigrant Landing Depot' als erste Einwandererstation eröffnet und bis 1890 betrieben. Dann reichte es für Abfertigung von etwa 1.000 Immigranten täglich nicht mehr aus, wurde geschlossen und nach einer

---

[11] General information given to passengers 1888-89, Solem 2009

[12] https://de.wikipedia.org/wiki/Auswandererschiff Abruf 06.05.2019; Blaschka-Eick 2010, 106, 112-114

[13] Brunner 2011, 2; Kludas 1986, 10

10 – New York. Castle Garden-Gebäude (Rundbau) nach Umnutzung 1892

11 – New York. Ellis Island Hauptgebäude

Zwischenlösung, dem Barge Office (1890-1892), nahm ab 1892 auf einer Insel vor Manhattan die Bundes-Einwanderungsstation ,Ellis Island' ihren Betrieb auf. Hier durchliefen die Einwanderer u. a. eine behördliche Erfassung sowie eine medizinische Begutachtung, in deren Folge es mitunter bei Kranken oder sich nicht ausreichend Ausweisenden zur umgehenden Rückkehr in die Heimat kam.

Gesetze, die die Einwanderung beschränkten, traten jedoch erstmals 1875 in Kraft und betrafen Deutsche zunächst selten.[14]

Die Einreiseformalitäten waren in wenigen Stunden erledigt: Name, Alter, Herkunftsland aller Familienmitglieder und Berufsstand. Doch alsbald traten weitere Hindernisse auf: die Sprachbarriere; Namen wurden falsch oder englisch geschrieben, die Verständigung war trotz Dolmetschern schwierig, auch, weil viele nur Mundart sprachen.[15]

Von New York aus verteilten sich die Einwanderer dann ins Landesinnere. Vom ursprünglichen, typischen Siedlungsgebiet deutscher Einwanderer, Pennsylvania, Maryland und New York, verlagerte es sich ab der Mitte des 19. Jahrhunderts auf das *German Triangle*, das deutsche Dreieck, zwischen Milwaukee (Wisconsin), St. Louis (Missouri) und Cincinnati (Ohio). Dort entstanden in der Folgezeit deutsch geprägte Wohnviertel mit eigenen Kirchen, Vereinen, Schulen und Theatern.

Nach einer gewissen Zeit auf dem neuen Kontinent veränderte sich der Blick mancher Einwanderer auf ihre alte Heimat, die sie nun als rückständig gegenüber ihren jetzigen Lebensverhältnissen sahen. Andere glorifizierten sie, da sie ohne gesellschaftlichen Anschluss blieben, in existenzielle Nöte gerieten, vereinsamten, keinen oder keine Partner/in fanden. Nicht zu vergessen die Verständigungsprobleme, die bereits zwischen Norddeutschen, Bayern, Sachsen usw. bestanden. Hinzu kamen die gleichermaßen eine Anpassung erschwerenden Religionsunterschiede.

Etliche Auswanderer kehren infolge derartiger Erfahrungen den USA wieder den Rücken. Ihre Zahl ist unbekannt, doch wird angenommen, dass wohl ein knappes Fünftel von ihnen wieder die Rückreise in die Heimat antrat.[16]

---

[14] Geschichte der Deutschen in den Vereinigten Staaten. wikipedia.org Abruf 04.05.2019
[15] Blaschka-Eick 130f.
[16] Brunner 2011, 2-4

Auf der Suche

Mein Interesse am unehelichen Vater unserer Großmutter und seiner Geschichte war geweckt, zumal ich im Nachlass meiner Eltern dessen Geburts- und Sterbeurkunde für den ab Mitte der 1930er Jahre von den Nationalsozialisten geforderten und beizubringenden ‚arischen Nachweis' der Vorfahren fand (Anlage 1 und 19).

Die konkrete Recherche nach Hermann August Gödicke begann ich im Deutschen Auswandererhaus Bremerhaven sowie den Passagierlisten ab Hamburg und Bremen. Dort war er jedoch mit einer Ausnahme nicht verzeichnet, doch ich bekam Auskunft zu den Schiffsverzeichnissen. Gleiches Negativergebnis gilt für die Passagier- und Crewlisten der Red Star Line, die im gleichnamigen Museum in Antwerpen angefragt wurden und dort leider verloren gingen.[17] Weitere Archive wie „Routes to the Roots" in Oldenburg wurden - ebenfalls erfolglos – kontaktiert. Ferner half eine zusätzliche Recherche in Kirchenbüchern der Heimatregion.

Förderlich zeigte sich demgegenüber die Nachfrage beim Geschichtsverein Ronneburg, der Heimat der späteren Ehefrau Hermann Gödickes, den regional zuständigen Personenstandsregistern, bei regionalgeschichtlich interessierten Ansprechpartnern in und um Nebra sowie die Suche in den amerikanischen Internetportalen zur Familienforschung „Ancestry", „FamilySearch" und „Find A Grave Monument". Durch Kriegsverlust fehlen allerdings leider Unterlagen zu seiner Person in der heutigen Landeshauptstadt Potsdam, Hermann Gödickes Sterbeort.

---

[17] freundliche Mitteilung vom 07.06.2019 über den Verlust des Archivs

Ahnen an den Ufern der Unstrut

Hermann August Gödickes Vorfahren stammten aus Bottendorf, einem kleinen Ort am linken Ufer der Unstrut, heute im Kyffhäuserkreis (Thüringen) und Teil der Stadt- und Landgemeinde Roßleben-Wiehe. In Kirchenbüchern steht Maurergeselle bei Hermanns 1775 geborenem Großvater Georg Christian, der sich noch ‚Jödicke' schrieb.

12 - Bottendorf. Gesamtansicht, Schenkenplatz und Gasthaus zur Schönen Aussicht.

Dessen Sohn Gottlob Heinrich, Hermanns Vater und offenbar nicht der Erstgeborene, zog unstrutabwärts nach Reinsdorf, damals Kr. Querfurt, einem ebenfalls am linken Unstrutufer liegendem Dorf. Heute gehört es zur Stadt Nebra im Burgenlandkreis (Sachsen-Anhalt). Ob er seine Frau, die allerdings frühzeitig verstarb, sowie deren gemeinsame Söhne Otto und Hugo, bereits mitbrachte, war nicht in Erfahrung zu bringen. Beide Söhne wurden Schiffer.

Gottlob Heinrich Gödicke hatte als 48-jähriger Witwer in zweiter Ehe 1851 in Nebra mit Justina Friederike das siebte Kind des verstorbenen dortigen Tischlermeisters und Ratsassessors Johann Heinrich Traugott Scheiding (*1775 - †1844) geheiratet. Hermanns Eltern, Gottlob Heinrich Gödicke (*1802 - †1881) und Justina Friederike Scheiding (*1820 - †1897), waren Schiffseigner, betrieben auf ihrem direkt an der Unstrut liegendem Grundstück in der Fischgasse eine kleine Werft und eine Holzhandlung, gleich neben der Fähre über die Unstrut. In Reinsdorf wurde Hermann August Gödicke am 22.11.1857 geboren (Taufurkunde s. Anlage 1).

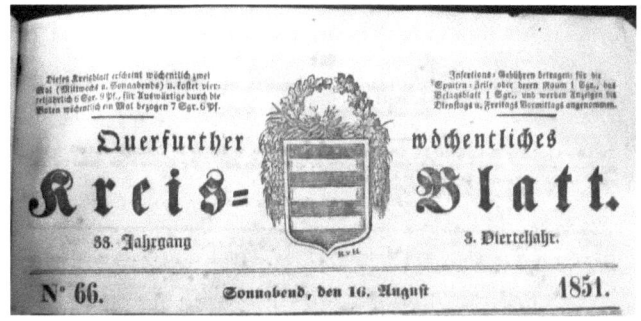

13 - Aufgebot der Eltern Hermann Gödickes, abgedruckt in der Ausgabe von 16. August 1851 des ‚Querfurter wöchentlichen Kreisblatts', der Regionalzeitung

Über die Reinsdorfer Familie ließ sich nur wenig ermitteln, so z. B. dass Hermanns Halbbrüder Otto und Hugo als Infanteristen im Deutsch-Österreichischen Krieg dienten, Otto 1866 in der Schlacht bei Königgrätz und vor Wien. Beide nahmen auch am Deutsch-Französischen Krieg 1870/71 teil.[18] Über Otto ist weiter nichts bekannt. Hugo führte das väterliche Gewerbe fort, heiratete und bekam mit seiner Frau fünf Kinder. Deren jüngstes Kind, Friedrich Hermann (*1900, †1973), dürfte später als Schlosser das elterliche Geschäftsgrundstück in Reinsdorf übernommen

---

[18] Bobbe 1990, 34-36

haben,[19] wo er mit seiner Frau Frieda und den Kindern lebte. Hermanns Halbbruder Hugo verstarb im Jahr 1929.

Bekannt ist auch Gustav, ein etwa 1855 geborener, ebenfalls älterer Bruder Hermanns, der 1899 als Schiffseigner in Nebra geführt wird[20] und 1916 dort 61-jährig verstarb. Dessen Sohn Gerhard Emil, ein Mechaniker, fand schon 19-jährig im Jahre 1900 den Tod. Gertrud war dessen Schwester.

Dann gab es noch Gustavs und Hermanns Schwester Auguste, die 1881 dem Standesamt den Tod ihres Vaters in Reinsdorf mitteilte. Außer ihrem Namen ist nichts bekannt (Anlagen 20, 21).

14 - Reinsdorf bei Nebra. Unstrutfähre am Ende der Fischgasse mit ehemaliger Klosterkirche im Hintergrund. Das Grundstück der Gödickes befand sich rechts außerhalb des Bildes. 15 - Reinsdorf. Dorfstraße

Wenig war über Hermanns Jahre in der Heimat in Erfahrung zu bringen. Als nicht ältester Sohn und somit auch nicht Erbe musste er ohnehin anderswo eine Existenz finden. Er wurde Schlosser, und innerfamiliär war außerdem bekannt, dass er sich im Raum Duisburg zusätzlich zum Schiffsbauer und –maschinisten ausbilden ließ. In seinen USA-Quellen steht dann ‚Dampfschiffmaschinist'.

---

[19] Adressbuch Kreis Querfurt 1927, 127
[20] Adress- und Geschäftshandbuch für den Kreis Querfurt 1899, 106

Was ihn auch immer bewogen haben mag, Deutschland zu verlassen und in den Staaten sein Glück zu suchen, werden wir wohl nie erfahren. Vermutlich trugen auch persönliche Erlebnisse, wie damalige Teuerungen, ständige Überflutungen Reinsdorfs durch die Unstrut und mitunter schlechte Ernten ein gutes Stück dazu bei.[21] Noch immer befindet sich an einem alten Gebäude der ehemaligen Schiffswerft der Gödickes in Reinsdorf u. a. eine Markierung des Hochwasserstands aus dem Jahre 1881.

Heute gibt es in Reinsdorf keine Gödickes mehr.

16 – Karte der Region mit Reinsdorf, Nebra, Gölbitz und der Unstrut 1893

Kommen wir nun zur Familie meiner Urgroßmutter Marie Schlaf, die mit Hermann Gödicke verbandelt war.

Die Familie Schlaf, die Hermann Gödickes ‚Schwiegervaters', hatte anhand der Kirchenbücher Ende des 18. Jahrhunderts im Raum Weißenschirmbach gelebt.

Der älteste auffindbare Vorfahre, Maries Urgroßvater väterlicherseits, Johann Gottfried Schlaf, war in Gölbitz anzutreffen. Dort hatte er als Schäfer seinen Lebensunterhalt bestritten. Gölbitz ist heute der nördliche Ortsteil der Gemeinde und Ortslage Weißenschirmbach (Ldkr. Merseburg-Querfurt), die mittlerweile nach Querfurt eingemeindet wurde.

---

[21] Bobbe 1990, 22-35

17 - Weißenschirmbach. Totalansicht, Rittergut und Dorfstraße

18 - Nebra. Blick vom gegenüberliegenden Vogelherd auf Kirche, Schloss und Stadt.

In Weißenschirmbach wurde 1823 Maries Vater Johann Carl August Schlaaf († 1885) geboren. Sein Vater war Bediensteter auf Schloss Vitzenburg bei Nebra.

Maries Vater ließ sich in Nebra nieder. Als Rad- und Stellmachermeister heiratete Johann Carl August Schlaf – er schrieb sich nunmehr wieder mit einem ,a' - 1852 in Nebra die älteste Tochter Auguste Wilhelmine (*1829-†1908) des dortigen Sattlermeisters Friedrich Christian Gröschler (*1800-†1863).

Die Familie von Maries Mutter Auguste Wilhelmine Gröschler existierte schon seit der ersten Hälfte des 18. Jahnhunderts in Nebra. Bereits Annas Urgroßvater war dort Sattlermeister. Auguste hatte sechs Geschwister; einige starben früh.

Das Ehepaar Schlaf bekam neun Kinder: sechs Jungen und drei Mädchen. Die älteste überlebende Tochter war unsere Urgroßmutter Friederike Wilhelmine Marie, die in Nebra am 18. Juli 1857 geboren wurde (Anlage 2).

Freundin und Tochter

Friederike Wilhelmine Marie Schlaf, unsere Urgroßmutter, eine Neb-
raerin, wohnte mit Eltern und Geschwistern in der heutigen Laternengasse
und war Weißnäherin.

Irgendwann lernte Hermann Gödicke Friederike Wilhelmine Marie
Schlaf – ihr Rufname war Marie - aus dem benachbarten Nebra kennen
und am 09. Januar 1881 wurde beider uneheliche Tochter Marie Anna
Schlaf in Nebra geboren, die er später als leibliche Tochter gerichtlich
anerkannte (Anlagen 3 und 4). Im standesamtlichen Geburtseintrag ist
jedoch die Vaterschaft nie vermerkt worden.[22] Aufgrund Hermanns Auswanderung unterblieb auch die Zahlung von Alimenten.

In der Familie ist überliefert, dass Hermann Gödicke seine Freundin
Marie Schlaf und die gemeinsame Tochter Anna, so der Rufname, nach
Amerika nachholen wollte.

War der Reinsdorfer Schlosser
Hermann dem Nebraer Sattlermeister Carl August Schlaf als Ehemann
für seine älteste Tochter überhaupt
standesgemäß? Wie reagierte Vater
Schlaf auf die Pläne seines ‚zukünf-
tigen Schwiegersohns', mit Marie
und der Enkelin nach Amerika zu
gehen?

19 - Marie mit Tochter Anna in der
zweiten Hälfte der 1880er Jahre

Hermann wanderte aus, bevor das
Kind zwei Jahre alt war. Erzählt
wurde, dass Marie ihre Mutter nach
dem Tode des Vaters im Jahr 1885
nicht allein lassen wollte (oder
durfte?).

---

[22] Auskunft des Standesamts in Freyburg/ Unstrut vom 06.06.2019

Zwar fanden sich keine Schiffspassagen Hermann Gödickes in den Passagierlisten jener Jahre, doch kann er auch als Maschinist auf Atlantikdampfern angemustert haben, wodurch er nur in Crew-Listen geführt wurde. Erhellende Angaben fehlen auch hier. Die einzige Quelle zu einer ersten Heimreise ist eine Pressemitteilung (Abb. 52) aus der hervorgeht, dass er 1888 Deutschland besucht hatte. Das konnte seinerzeit nur in der Absicht geschehen sein, Freundin und Tochter nach Amerika mitzunehmen, nachdem er in den vergangenen vier Jahren in den Staaten die Voraussetzungen für geeignete familiäre Lebensbedingungen geschaffen hatte. Doch Marie und Anna fuhren nicht mit, was für Hermann bedeutete, unverrichteter Dinge allein über den Ozean in die USA zurückzukehren.

Zumindest entstand damals ein Foto mit Marie und der etwa 6-7 Jährigen, aufgenommen in Berlin, das doch eigentlich nur für den Partner und Vater Sinn macht. War Marie gerade ‚zufällig' in Berlin, als Hermann kam, sie beide mitzunehmen? Unbekannt ist ebenso, wie Marie zum Plan stand, Deutschland mit Hermann und Marie, d. h. Nebra, ihre Eltern und Geschwister zu verlassen.

20 - Unstruttal bei Reinsdorf

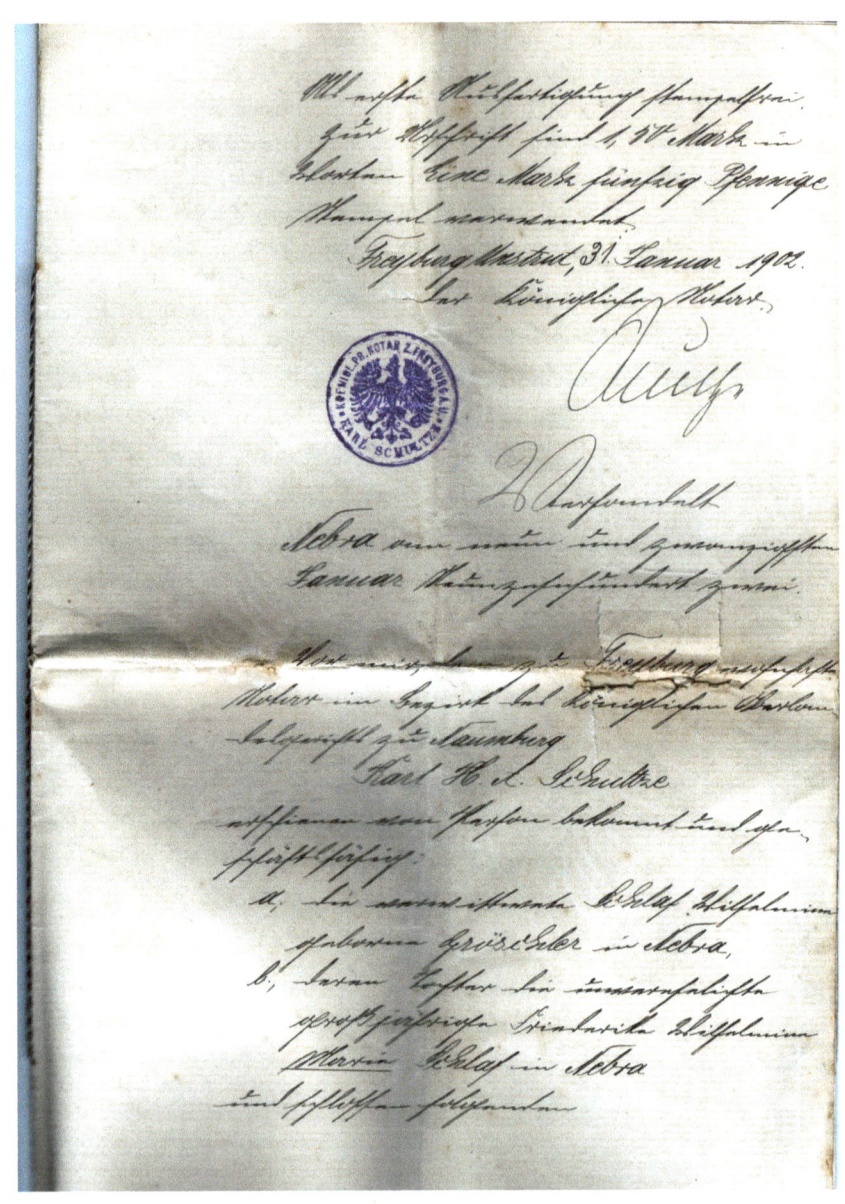

21 - Titelblatt des Kauf- und Überlassungsvertrages für das Grundstück Nebra Laternengasse vom 31.01.1902

Fiel damals 1888 die Entscheidung zur unwiderruflichen Trennung von Annas Eltern Hermann Gödicke und Marie Schlaf, deren Motive wir letztendlich nicht kennen?

Jedenfalls war ab dem Zeitpunkt, als Hermann Gödicke in Amerika eine neue Familie gründete – und das geschah noch im gleichen Jahr (s. u.) - klar, dass eine Auswanderung Maries mit Anna und eine Zusammenführung mit Hermann nicht mehr in Frage kamen.

Nachfolgend hatten die Geschwister Marie Schlafs zugunsten Maries auf ihr Erbe verzichtet bzw. waren ausgezahlt worden. Als Gegenleistung bekam Marie Haus und Grundstück in der Nebraer Laternengasse per Kauf- und Überlassungsvertrag mit der Verpflichtung, die Mutter bis zum Tode in diesem Haus zu versorgen. Der notarielle Vertrag datiert auf den 31.01.1902.

Marie blieb mit ihrer Tochter ihr Leben lang in Nebra und hat nie geheiratet.

Von Antwerpen in die Neue Welt

Hermann Gödicke erreichte Amerika erstmalig 1883 von Antwerpen aus, möglicherweise als Maschinist und Mitglied der Crew eines Auswandererschiffs, denn er fehlt in allen erhaltenen Passagierlisten.

Da er sich seinerzeit in Duisburg aufhielt, war der direkte Weg von dort zu den europäischen Auswandererhäfen seit 1879 die Verbindung mit dem ‚Eisernen Rhein'. Diese neu gebaute und kürzeste Zugverbindung zwischen dem Duisburger und dem Antwerpener Hafen nutzten vor allem der Güterverkehr aus dem Ruhrgebiet und Personen mit dem Auswanderungsziel USA.[23] So ist anzunehmen, dass Hermann Gödicke auch auf dieser Strecke den Überseehafen erreichte.

22 - Antwerpen. Blick vom Hafen auf die Stadt

Damals lag der Antwerpener Hafen nur am rechten Ufer der Schelde nördlich der Stadt. Mittlerweile ist er wesentlich erweitert und auch auf das linke Ufer ausgedehnt worden.

---

[23] Eiserner Rhein, Wikipedia Abruf 16.05.19

23 - Antwerpen. Landesteg

24 - SS RHYNLAND[24] der Red Star Line ca. 1890 auf See

---

[24] das Doppel-'S' bezeichnet sowohl ein Segel- als auch ein Dampfschiff (Sailing ship / Steamer)

Dort bestieg Hermann Gödicke wohl das Dampfschiff ‚RHYNLAND' der Red Star Line, das einzige zum Datum seiner Ankunft in New York passende Dampfschiff.[25] Es legte am 20. Oktober in Antwerpen ab.[26] Zu diesem Zeitpunkt war er 23 Jahre alt.

Die in England bei Barrow Shipbuilding Co. Ltd. in Barrow in Furness gebaute und 1879 auf ihrer Jungfernfahrt von Antwerpen über den Atlantik geschipperte RHYNLAND fuhr 1883 unter der Flagge der Red Star Line. Da sie mit einer Dreifachexpansions-Dampfmaschine ausgestattet war, konnte sie sowohl segeln, aber auch als Dampfer fahren, eine damals übliche Ausstattung. Sie war für 150 Passagiere der I. Klasse und 1.000 der III. Klasse (Zwischendecker) ausgelegt. Ihre Länge betrug rund 123 m bei einer Breite von mehr als 12 m. 1906 wurde die RHYNLAND außer Dienst gestellt.[27]

Der Antwerpener Hafen und die Mündung der Schelde mit ihren Inseln waren das Letzte, was Hermann Gödicke wohl von Bord der RHYNLAND aus vom europäischen Festland sah.

Seinerzeit brauchten die größeren Schiffe von Antwerpen etwa zehn Tage über den großen Teich; die kleinere RHYNLAND benötigte bei dieser Fahrt etwa 13 Tage.

Ankunft für Auswanderer in New York war damals noch Castle Garden. Dort legte am 2. November 1883 jenes Dampfschiff an, mit dem Hermann Gödicke Tage zuvor Antwerpen verlassen hatte (Anlage 5).[28]

Erst ab 1892 kamen die Einwanderer in Ellis Island an (s. o.).

Nach Registrierung und Gesundheitscheck wird er noch in Castle Garden vielleicht die Hilfe des Arbeitsamtes zur Arbeitssuche in Anspruch genommen haben und auch von dort erst einmal zu einem Quartier vermittelt worden sein. Dann ging es weiter mit der Bahn[29] bis zum Zielort Marion im Bundesstaat Ohio.

---

[25] Dank eines Hinweises von Herrn J. Ottlewski, Deutsches Auswandererhaus Bremerhaven, in einer Schiffsliste von S. P. Morse zu Castle Garden 1855-1890
[26] dankenswerter Weise von Mme. M. De Ryck, Red Star Line Museum Antwerpen, mitgeteilt
[27] 3692 BRT; Geschwindigkeit 12,5 Knoten,; Tiefgang 12,3 m; 1906 nach Italien verkauft, in RHYNA umbenannt und anschließend verschrottet; Wikipedia Abruf SS Rhynland 28.05.2019
[28] ancestry.com/tree/36254805/person/18910120054
[29] Moreno, 61-64

25 - New York. Emigrant Landing and Barge Office

26 - New York. Castle Garden als Aquarium mit Battery Park und ehemaligem
Emigrant Landing und Barge Office (rechts)

Marion in Ohio – Lebensmittelpunkt für Jahrzehnte

Über Abholung durch einen Verwandten oder Bekannte, die ihm weiterhalfen oder bereits einen neuen Wohnort mit Arbeit besorgt hatten, ist nichts bekannt.

27 - USA. Bundesstaat Ohio mit den umgebenden Bundesstaaten.

28 – Marion (roter Punkt) im Marion County (Kreis), Bundesstaat Ohio

In den USA schrieb er sich nun Herman Goedicke/Godicke etc. Seinen Wohnsitz nahm er in der Stadt Marion im Bundesstaat Ohio im Mittleren Westen der USA, südlich der großen Seen.

Im Norden wird der Bundesstaat vom Eriesee, durch den die kanadische Grenze zur Provinz Ontario verläuft, und im Süden vom Ohio-Fluss begrenzt, wo West Virginia und Kentucky liegen. Die Grenzen zu den Nachbarstaaten Indiana im Westen und Pennsylvania im Osten verlaufen genau nord-südlich. Mit etwa einem Viertel der Gesamtbevölkerung stellte die deutschstämmige Gruppe einen hohen Anteil. Sie hatte sich vor allem im Nordwesten angesiedelt und die Kultur Ohios maßgeblich mitgeprägt.[30]

29 - Marion, Ohio. Petticoat Lane.

Die Stadt Marion entstand etwa zentral im Nordteil von Ohio, ungefähr 80 Kilometer nördlich der Bundeshauptstadt Columbus.

Marion war bis in die 1970er Jahre eines der industriellen Zentren Ohios. 1911 stammten 80 % der in den USA benutzten Dampfbagger und schweren Baugeräte aus Marion. Erzeugnisse der Marion Steam Shovel Company (später Marion Power Shovel) wurden beim Bau des Panama-kanals verwendet.

---

[30] Ohio Wikipediaabruf 18.05.19

Die Bevölkerungsentwicklung während Hermann Gödickes Aufenthalt zwischen 1883 und etwa 1930 zeigt den ungeheueren Zuwachs während dieses halben Jahrhunderts: [31]

Censusjahr[32]	Einwohner	in %
1880	3.899	
1890	8.327	+113,6 %
1900	11.862	+42,5 %
1910	18.232	+53,7 %
1920	27.891	+53,0 %
1930	31.084	+11,4 %

Als Maschinist fand er in der Region gewiss ein Auskommen, möglicherweise in der o. g. und 1884 gegründeten ‚Marion Steam Shovel Company', die damals sicherlich qualifizierte Arbeitskräfte brauchte.

Am 03.11.1888, genau fünf Jahre nach seiner Ankunft, erhielt er seine Einbürgerungsurkunde.[33] Alle persönlichen Daten wurden seinerzeit offensichtlich nicht so genau genommen, wie die Angaben in den gefundenen Urkunden zeigen.

Nun, da Anna und Marie nicht mehr zu erwarten waren, suchte er wieder eine Partnerin, mit der er sich ein Familienleben in Ohio aufbauen konnte.

---

[31] Marion Wikiabruf 18.05.2019
[32] Jahr der Volkszählung (in den USA in 10-jährigem Intervall)
[33] ancestry.com/tree/36254805/person/18910120054

Eine neue Familie

Bereits vor der Einbürgerung, am 31.05.1888 heiratete Herman Goedicke, in dieser Schreibweise in den USA zu finden, in Marion Ohio die am 21.12.1868 in Hüttengesäß (Hessen-Nassau) in Deutschland geborene Katharina Waitz. Der Ort liegt heute im Main-Kinzig-Kreis und ist in den Staaten zumeist als ‚Huttengaess' vorzufinden.[34]

30 – Eintrag Katharina Waitz, ihrer Schwestern Katharina Maria und Margareta im Taufbuch der Gemeinde Hüttengesäß

Philipp Waitz (*1836 - †1920) war ein Tagelöhner und hatte 1865 mit Elisabetha Habermann (*1839 - †1921) in Hüttengesäß die Ehe geschlossen, aus der elf Kinder, sieben Jungen und drei Mädchen, hervorgingen. Er stammte aus dem Hirtenhaus der Nachbargemeinde, sein Vater arbeitete dort als Schäfer.[35] Die Familie war arm und lebte unter erschwerten Lebensverhältnissen. Als Katharina, das fünfte Kind, geboren wurde, waren ihre vier älteren Brüder, zwei Jahre bis zwei Tage alt, bereits gestorben. Auch der nachfolgende Bruder verstarb im Säuglingsalter. Drei weitere Geschwister, eine Schwester und zwei Brüder, riss innerhalb einer Woche wohl eine Epidemie im Alter von elf, sechs und drei Jahren in den

---

[34] noch heute sind in Hüttengesäß zahlreiche Bewohner mit dem Namen Waitz ansässig
[35] Graef 2013, 4f.

Tod. Nur drei Mädchen überlebten, Katharina mit ihren drei und 15 Jahre jüngeren Schwestern Katharina Maria und Margaretha.

Die Armut und das daraus resultierende Schicksal zwang die Familie Waitz, ihre Heimat Hüttengesäß zu verlassen.[36]

Mit den Eltern Philipp Waitz und Elisabetha Habermann und mit einer ihrer beiden Schwestern[37] wanderte Katharina 19-jährig 1887 in die USA ein. Von Margaretha, Katharinas jüngster, damals vierjähriger Schwester, ist bislang jedoch gar nichts bekannt. War sie den Strapazen der Reise überhaupt gewachsen? Die Schwester Maria ist dann auch weiterhin als Mary in den USA zu finden, lebte mit ihrem Ehemann Fred Vollmer in der Stadt Columbus, hatte mindestens eine Tochter, die etwa 1897 geborene Helen, sowie zwei Enkelinnen (Anlage 7).[38]

31 - Auszug aus dem Heiratsregister der Stadt Marion, Ohio, für Hermann Goedicke und Katharina Waitz

---

[36] Herrn Reinhard Meides danke ich für zur Verfügung gestelltes Datenmaterial und für Informationen zur Familie Waitz, Hüttengesäß

[37] in Katharinas Nachruf in der Zeitung „The Marion Star", Marion Ohio, Friday, April 28, 1939, wird eine Schwester, Mrs. Fred Vollmer aus Columbus (Ohio), genannt; https://www.findagrave.com/memorial/21328063/mary-vollmer

[38] ancestry.com/tree/36254805/person/18910120054

Die Familie Waitz nahm ihren Wohnsitz in Marion Ohio. Dort wird Hermann Gödicke seine Frau kennengelernt haben (Anlage 6). Katharina ist in den Staaten nun in den Schreibweisen Catheria, Katy, Kate, Kathrin, Katie .... Waitz/Weitz/White zu finden. Hermanns neue Familie blieb ebenfalls in Marion. Wie sich später zeigte, war sie fest in die deutschstämmige Community (Gemeinschaft) integriert, die einen nicht unbedeutenden Anteil der Einwohner repräsentierte und das kulturelle wie geistig-religiöse Umfeld prägte.

Aus der Ehe gingen sechs Kinder hervor.

Die älteste amerikanische Tochter ist **Alwina** (* 18.06.1890 in Marion, Ohio). Sie war Stenotypistin, später Buchhalterin. Letztmalig wurde sie 1925 im Einwohnerbuch Marions (Ohio) erwähnt. Danach muss sie nach Columbus, der Hauptstadt des Bundesstaates Ohio, übersiedelt sein und geheiratet haben, denn

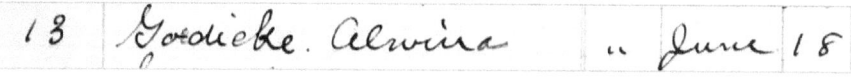

32 - Auszug aus dem Geburtenregister der Stadt Marion, Ohio, für Alwina Goedicke

auf ihrem dortigen Grabstein, sie starb 74-jährig im Dezember 1964, steht Alwina Lindenberg (Anlage 8).[39]

Im Jahr darauf folgte mit **Helen Louise** (*1891 - † 07.08.1958 in Marion, Ohio) eine weitere Tochter. Ihr Geburtseintrag und –datum war nicht aufzufinden. Am 28.07.1910 hatten sie und Keil Darwin Hochstetter

---

[39] Datenbank Find A Grave Memorial; in dieser Datenbank gibt es aktuelle Fotos der noch vorhandenen Grabsteine.

(*1890 – †1969) in Windsor, Essex, Ontario (Kanada) geheiratet.[40] Beider Kinder waren Marcella und Robert. Doch wurde Helen noch vor 1943 geschieden.[41] 1930 lebte sie bereits 38-jährig mit ihrem 18 Jahre alten Sohn und der ein Jahr jüngeren Tochter ohne den Ehemann in einem gemeinsamen Haushalt (Anlage 9, 10).[42]

Mit **Carl Henry** wurde am 15.05.1894 in Marion, Ohio, der erste Sohn der Eheleute Hermann und Katharina Gödicke geboren (Anlage 11). Er arbeitete wie sein Vater als Maschinist. Bereits 17-jährig heiratete er im November 1912 in Essex, Ontario (Kanada) die gleichaltrige Gladys M. Parratt aus Marion. In diesem Ort hatten schon seine Schwester Helen und deren Mann die Ehe geschlossen. Das junge Ehepaar wohnte auch in ihrer gemeinsamen Geburtsstadt. Dort kam im September 1913 ihr Sohn Darwin Hugh zur Welt, der jedoch bereits dreijährig im August 1917 verstarb. Die Ehe wurde ebenfalls geschieden und Gladys heiratete 1934 erneut.[43]

*33 - Auszug aus dem Geburtenregister der Stadt Marion, Ohio, für Carl Henry Goedicke, * 15. Mai 1894*

---

[40] Ontario Marriages, 1869-1927, FamilySearch
(https://familysearch.org/pal:MM9.1./KSZ5-59W : accessed 02 Jan 2013)
[41] Keil Darwin Hochstetter heiratete 1943 erneut (Datenbank Find A Grave Memorial)
[42] United States Census, 1930 (Family Search 02.05.2013)
[43] Datenbank Find A Grave Memorial zu Darwin Goedicke und Gladys M. Parratt

34 - Heiratseintrag vom 21.11.1912 für Carl Henry Goedicke und Gladys Paratt aus dem Heiratsregister in Windsor, Provinz Ontario, Canada

35 - Auszug aus: Official Roster of Ohio Soldiers, Sailors, and Marines in the World War, 1917-18. *(Die offizielle Liste der Ohio-Soldaten, Seeleute und Marinesoldaten im Weltkrieg, 1917-18, S. 721) mit dem Eintrag von Carl Henry Goedicke*

Während des Jahres 1918 wird Carl Henry als Angehöriger des Militärs im Ersten Weltkrieg erwähnt (Abb. 32).

Er lebte 1939 in Chadwick, Bundesstaat New York, starb aber am

11. Mai 1959 in Philadelphia, im Bundesstaat Pennsylvania.[44]

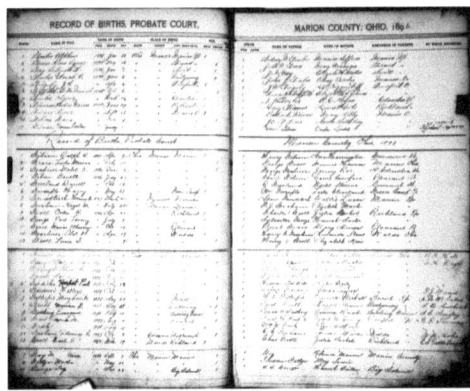

Der zweite Sohn, **Herbert Paul**, * 22.02.1898 und † 31.07.1977 in Marion, Ohio, war seit August 1926 mit Wilda Edelmann verheiratet (Anlage 12) und als Kaufmann eingetragen.

36 - Auszug Geburtseintrag Herbert Paul Gödickes aus dem Geburtsregister der Stadt Marion, Ohio.

37 – Auszug der Heiratsurkunde Herbert Paul Gödickes aus dem Trauregister der Stadt Marion, Ohio.

---

[44] Datenbank Find A Grave Memorial zu Carl Goedicke und Katharina Waitz Goedicke

Seine Frau Wilda verstarb im August 1938, wenige Monate nach der Geburt des gemeinsamen Sohnes Herbert Paul (jr.). Daraufhin zog Helen, Herberts Schwester, die zu dieser Zeit wohl bereits geschieden war, zu ihm, um dem Bruder den Haushalt zu führen und sich um den Neffen zu kümmern. Herbert heiratete nicht wieder (Anlagen 13, 14).

Zuletzt wurden am 13.08.1905 **Alfred** und ein weiterer **Sohn** als Zwillinge geboren. Das letzte Kind kam wohl tot zur Welt oder starb sofort nach der Geburt, denn es erhielt keinen Namen. Alfred verstarb offenbar wenig später, da er im Census 1910 keine Erwähnung findet. Die Sterbeurkunden fehlen (Anlage 15, 16).

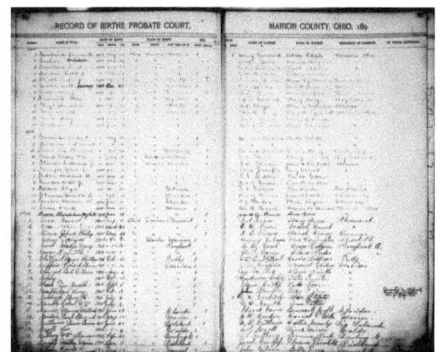

38 - Einträge der Geburten von Alfred Goedicke und seinem Zwillingsbruder im Geburtenregister der Stadt Marion, Ohio.

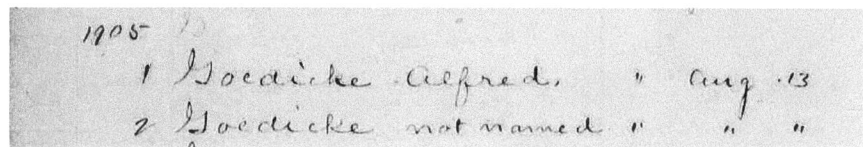

Hermann Gödickes amerikanische Enkel waren die Kinder von Helen, Robert und Marcella, sowie Carl Henrys verstorbener Sohn Darwin und Herbert Pauls gleichnamiger Sohn. Da in Katharina Waitz Nachruf vier Enkel erwähnt werden, gab es 1939 wohl noch ein weiteres, mir unbekanntes Enkelkind.

Über die 1912/13 geborene und in Marion Ohio lebende Marcella war nach 1936 keine Angabe mehr anzutreffen. Urkunden aus ihrem weiteren Leben fand ich nicht. Im Nachruf ihres Vaters wird sie als bereits verstorbene Tochter erwähnt.[45]

---

[45] Keil Darwin Hochstetter, Datenbank „Find A Grave Memorial"

LOOKING TOWARD BUSINESS CENTER FROM HUBER BLOCK, MARION, OHIO.

39 - Marion, Ohio. Blick vom Huber Block zum Business Center

CENTER STREET, LOOKING WEST, MARION, OHIO

40 - Marion, Ohio. Center Street, Blick nach Westen.

Ihr Bruder Robert (* 28.09.1911 - † 22.05.1971 in Marion, Ohio) war im Stahlgussbereich der Marion Power Shovel Company tätig sowie seit 1940 mit Melba Jane Biggert verheiratet.

Herbert Paul jr. (* 29.03.1938) wurde nach dem Tode seiner Mutter Wilda von seiner Tante Helen erzogen. Er arbeitete wie sein Großvater Hermann als Maschinist, dann als Labortechniker. Seine Ehefrau Ruth war zwei Jahre jünger. Pressemitteilungen zufolge war Herbert – er wird nur noch Herb genannt - ein eifriger Jäger und, wie seine Schwestern und die Mutter, aktives Mitglied der Methodistischen Kirche.[46]

Über das Leben der Goedickes in der Oak Street in Marion Ohio geben die Lokalblätter „The Marion Star" und „Marion Daily Star" so manchen Einblick.

Mrs. Katherine Goedicke has begun a suit in the court of common pleas for a divorce from Herman Goedicke and alleging that the defendant has funds in the Marion County bank, asks for an injunction restraining him from using the funds until the suit has been disposed of.

The parties to the suit according to the petition were married in May, 1888, and four children have been born of the union. The plaintiff charges that her husband has been guilty of extreme cruelty and other violations of the marital contract.

The court has granted a temporary injunction as prayed for.

Herman Goedicke, defendant in a suit for divorce brought by Katharine Goedicke, has failed to pay his wife $75 temporary alimony as ordered by Judge Young. Thursday the judge cited Goedicke to appear in court before December 9 and show why he should not be punished for contempt of court.

Herman Goedicke, the man who for several weeks refused to pay his wife temporary alimony pending her suit for divorce, despite the fact that he had been ordered to do so by the court, appeared Friday afternoon and deposited the required $75 with the county clerk.

41 – Presseauszüge ‚The Marion Daily Star', 28 Oct. 1905/ 'The Marion Star' 9. Dec. 1905/ ‚The Marion Daily Star' 23. Dec. 1905

---

[46] Datensatz Herb. P. Goedicke – Stofcheck-Ballinger Funeral Home

1905 ist zu lesen, dass Mrs. Katharine Goedicke vor dem hiesigen Gericht die Scheidung von Herman Goedicke wegen extremer Grausamkeit und anderer Übertretungen des Ehevertrages fordert.

Sie erwirkt bei Gericht eine einstweilige Verfügung, ihrem Mann befristet den Zugriff auf das Bankguthaben zu verwehren. Wir erfahren, dass sich Herman Goedicke weigerte, seiner Frau und den vier Kindern die gerichtlich festgelegten 75 $ Unterhalt zu zahlen und dies als Missachtung desselben ausgelegt wurde. Letztlich kommt er nicht umhin. Offenbar wird die Ehe zwischen 1905 und 1907 geschieden.

THE LADIES' SOCIETY
OF REFORMED CHURCH

Holds Its Annual Meeting and Elects Its Officers.

The annual meeting of the Ladies' society of the Reformed church was held Thursday afternoon at the home of Mrs. Herman Goedicke on the Boulevard, instead of at the home of Mrs. Charles Klingle, owing to the illness of Mrs. Klingle. The meeting was quite an interesting one, and the regular routine business took up most of the afternoon. The attendance was quite large.

After the business had been completed, a social session was held. Refreshments were served.

The following officers were elected to serve during the year to ensue:

Mrs. Zieg, president; Mrs. Katherine Huffman, vice president; Mrs. Katie Goedicke, secretary; Mrs. John Flach, treasurer.

THE LOYAL DAUGHTERS
AT GOEDICKE HOME

Miss Alwina Goedicke Is Hostess to Class.

The Loyal Daughters' Sunday-school class of the First Reformed church met with the class teacher, Miss Alwina Goedicke, of north Oak street, Tuesday evening. Eighteen were present.

After the transaction of business, the time was spent with needlework and refreshments were served.

The next meeting will be held the first Tuesday in June.

42 – 'The Marion Daily Star': a - 7.2.1902 / b - 10.5.1911

Der Presse ist außerdem zu entnehmen, dass sich seit etwa 1902 bis in die 1930er Jahre Mutter, Töchter, Schwiegertöchter und auch mal Sohn Herbert äußerst aktiv in der Reformierten Kirche der Stadt engagierten. Sie veranstalteten Gesprächskreise, Wohltätigkeitsveranstaltungen, Basare usw. mit dem Servieren von Erfrischungen sogar bei sich zu Hause und hatten in *The Ladies Society of Reformed Church* ehrenamtliche Funktionen wie Mrs. Katie Goedicke z. B. als *secretary* inne (The Marion Daily Star vom 7. Feb. 1902; Abb. 42 a). Nahezu wöchentlich wurde darüber berichtet.

Und in der *Loyal Daugthers Sundayschool of the First Reformed Church,* am besten zu übersetzen mit 'Sonntagsschule der ehrenhaften Töchter der ersten Reformierten Kirche', wirkte Miss Alwina Goedicke 1911 beispielsweise als Klassenlehrerin (The Marion Daily Star vom 10.05.1911; Abb. 42 b).

Hermann Gödickes Name wird im Zusammenhang mit der Reformierten bzw. Methodistischen Kirche in keinem dieser Presseartikel erwähnt.

Die Wohnhäuser der Goedickes lagen in der Oak Street und im Parkboulevard, charakteristische und schlichte Holzgebäude der Nordstaaten, so wie in vielen Straßenzügen des mittleren Westen üblich.

Eheaus und unstete Jahre

Katharina Waitz gab zum Familienstand 1910 verheiratet, ab 1920 geschieden und bereits 1930 verwitwet an. Offenbar setzte sie die Rückkehr Hermanns nach Deutschland mit dem Tod ihres geschiedenen Ehemanns gleich.[47]

Eine Annullierung der Ehe vor Gericht war zwar nicht zu finden, ist jedoch anzunehmen, denn bei der Censuszählung 1910 lebte ihr Mann Hermann bereits nicht mehr im gleichen Haushalt. Er zog nach der Trennung von seiner Frau etwa 1907 in den Parkboulevard um und wohnte dann 1920 im Haushalt seiner Tochter Helen und ihres Ehemanns Keil Hochstetter, zusammen mit seinen Enkelkindern Robert und Marcella.[48]

Katie Waitz verstarb 70jährig am 29. April 1939 in Marion Ohio. In ihrem in der Zeitung abgedruckten Nachruf[49] wird der Ehemann als schon vorausgegangen (*preceded*) bezeichnet – was zum damaligen Zeitpunkt auch der Wahrheit entsprach.

In den 1920er Jahren besuchte Hermann Gödicke zweimal Deutschland: 1922 und 1924. Im Jahr 1922 verließ er 64jährig die USA erstmalig nach 34 Jahren. Damals (1888) hatte er vergeblich versucht, Marie und Anna zu holen. Nun als USA-Bürger benötigte er einen Reisepass mit Passbild, der am 16.06.1922 ausgestellt wurde.

43 - Hermann Gödicke im Jahr 1922 auf einem Passbild mit eigenhändiger Unterschrift

---

[47] United Stated Census 1910, 1920, 1930 für Catherine Goedicke, Marion, Marion Ohio

[48] United Stated Census 1920 für Keil D. Hochstetter

[49] The Marion Star, Marion Ohio, 28. Apr. 1939; abgedruckt in Datenbank Find A Grave Memorial

Querschnittt durch einen großen Passagierdampfer („Deutschland" I Mittschiffs.

44 - Querschnitt durch einen Transatlantikdampfer der HAL

folgende Doppelseite:
45 – zweiseitige U.S. Passport-Unterlagen für Hermann Goedicke (Ausschnitt),
ausgestellt am 10. Juni 1922

The original and each copy of an application for a passport must have attached to it a copy of the applicant's photograph. 492767
A loose signed photograph of the applicant must accompany the application.
The photographs must be on thin paper, should have a light background, and be not over three inches in size.

This blank must be completely filled out. The legal fee of one dollar, in currency or postal money order, and the applicant's certificate of naturalization must accompany the application.
The rules should be carefully read before mailing the application to the Department of State, Division of Passport Control, Washington, D. C.

[EDITION OF JANUARY, 1919.]

[FORM FOR NATURALIZED CITIZEN.]

DEPARTMENT OF STATE
PASS PORT
JUN 16 1922
ISSUED
WASHINGTON.

UNITED STATES OF AMERICA,
STATE OF *Ohio* } ss:
COUNTY OF *Marion*

I, *Herman Goedicke*, a NATURALIZED AND LOYAL CITIZEN OF THE UNITED STATES, hereby apply to the Department of State, at Washington, for a passport.

I solemnly swear that I was born at *Reinsdorf Germany*
on *November 22*, *1857*; that my father, *Gottlieb Goedicke* (Name.), was
born in *Germany* (Country) and is now residing at *Deceased*;
that I emigrated to the United States, sailing from *Antwerp* about
1883; that I resided *39* years, uninterruptedly, in the United States,
from 1883 to 1922 at *Marion Ohio*; that I was
naturalized as a citizen of the United States before the *Probate*
Court of *Common Pleas* at *Marion*, *Ohio*,
on *November 3*, *1888*, as shown by the Certificate of Naturalization presented herewith;
that I am the IDENTICAL PERSON described in said Certificate; that I have resided outside the United States since my naturalization at the following places for the following periods:

......, from ...... to ......
......, from ...... to ......

and that I am domiciled in the United States, my permanent residence being at *Marion*,
in the State of *Ohio*, where I follow the occupation of *Machinist*.
My last passport was obtained from ...... on
...... (Date.) and was ...... (Disposition of passport.) I am about
to go abroad temporarily, and intend to return to the United States within *one*
{months / years} with the purpose of residing and performing the duties of citizenship therein; and I desire a passport for use in visiting the countries hereinafter named for the following purpose:

Germany (Name of country.) *Visit relatives* (Object of visit.)
...... (Name of country.) ...... (Object of visit.)
...... (Name of country.) ...... (Object of visit.)

I intend to leave the United States from the port of *New York* (Port of departure.)
sailing on board the *Lapland* (Name of vessel.) on *July 5* (Date of departure.), 1922

OATH OF ALLEGIANCE.

Further, I do solemnly swear that I will support and defend the Constitution of the United States against all enemies, foreign and domestic; that I will bear true faith and allegiance to the same; and that I take this obligation freely, without any mental reservation or purpose of evasion; So help me God.

Herman Goedicke
(Signature of applicant.)

Sworn to before me this *10* day
of *June*, 19 *22*
M. L. Wilson
[SEAL OF COURT.]
Clerk of the *Common Pleas* Court at *Marion O*
[OVER.]

8796

52

DESCRIPTION OF APPLICANT.

Age: _6 9_ years.

Stature: _5_ feet, _2_ inches, Eng.

Forehead: _Medium_

Eyes: _Blue_

Nose: _Small_

Mouth: _Small_

Chin: _Medium_

Hair: _Gray_

Complexion: _Ruddy_

Face: _Round_

Distinguishing marks _None_

IDENTIFICATION.

June 10, 19 _2 2_

I, _Henry Ackerman Jr._, solemnly swear that I am a {native / ~~naturalized~~} citizen of the United States; that I reside at _Marion, Ohio_; that I have known the above-named _Herman Goedicke_ personally for _5_ years and know [him / ~~her~~] to be the identical person referred to in the within-described certificate of naturalization; and that the facts stated in [his / ~~her~~] affidavit are true to the best of my knowledge and belief.

Henry Ackerman, Jr.
Merchant
(Occupation.)
140 Gurleyan, Marion
(Address of witness.)

Sworn to before me this _10_ day

of _June_, 19 _2 2_

[SEAL.]

M. L. Wilson

Clerk of the _Common Pleas_ Court at _Marion_

Applicant desires passport to be sent to the following address:

Herman Goedicke
288 Boulevard
Marion

his

A signed duplicate of the photograph to be attached hereto must be sent to the Department with the application, to be affixed to the passport with an impression of the Department's seal.

Dieser Pass gewährte ihm einen einjährigen Verwandtenbesuch in Deutschland. Mit dem Dampfschiff „SEYDLITZ" verließ er am 05.07.1922 die USA Richtung alte Heimat.

Die SEYDLITZ war ein Fracht- und Passagierschiff und ein Reichspostdampfer[50] der Feldherren-Klasse des Norddeutschen Lloyd (NDL)[51]. Sie ging am 05.08.1903 auf Jungfernreise und war auf allen Weltmeeren unterwegs. Im Ersten Weltkrieg in San Antonio interniert, kam sie 1920 nach Deutschland zurück und nach Reparaturen sowie Umbauten wieder zum Einsatz. Ab Februar 1922 nahm sie erneut den Amerika-Dienst zwischen Bremerhaven und New York auf. Sie konnte bis zu 110 Passagiere in der I., bis zu 115 in der II. bzw. bis zu 2.078 Passagiere in der III. Klasse befördern. Die SEYDLITZ wurde 1933 in Bremerhaven abgewrackt.[52]

46, 47 - eine Kabine der Touristenklasse auf einem Transatlantikdampfer der HAL und eine Luxus-Kabine

---

[50] abgekürzt RPD, waren Schiffe, die von der Reichsregierung subventioniert, für Reedereien in Auftrag gegeben wurden, um regelmäßige deutsche Postdampferverbindungen zu gewährleisten.

[51] Dampferschiffstyp des NDL, die von 1903 bis 1908 auf den Reichspostdampferlinien nach Ostasien und Australien eingesetzt wurden

[52] Kludas III 1988, 158; Werft Schichau in Danzig; 7942 BRT; Länge 143 m; Breite 11 m; 14 Knoten

48 - RPD SEYDLITZ 1924

49 - RPD YORCK

Die Monate August und September 1922 verbrachte Hermann Gödicke in Deutschland. Heute lebt niemand mehr, der Auskunft über Hermanns

Besuch in Reinsdorf geben könnte. Vermutlich traf er seinen damals noch lebenden Halbbruder Hugo Gödicke, den Neffen Hermann und dessen Frau Frieda im elterlichen Grundstück.[53] Über Kontakte zu Marie Schlaf ist nichts bekannt. Eventuell gab es bei ihm aber schon damals erste Überlegungen, ganz nach Deutschland zurückzukehren.

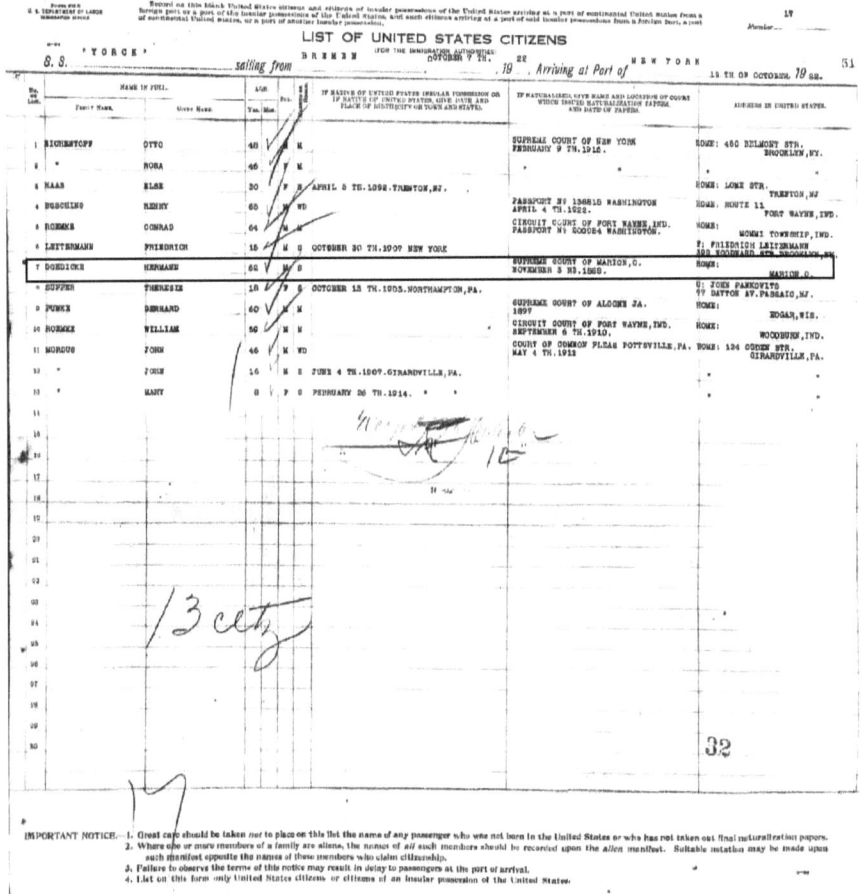

50 - Passagierliste der „YORCK" 1922 mit dem Eintrag von Hermann Gödicke (schwarzer Rahmen)

---

[53] Angaben Standesamt Querfurt vom 05.06.2019; Abschrift der Grabsteindaten Frau Kettners zu Hermann und Frieda, geb. Götze.

Seine Rückfahrt nach Amerika ist dokumentiert: auf der Passagierliste der Route Bremerhaven - New York mit dem Reichspostdampfer „YORCK", Abfahrt 07.10.1922, Ankunft 19.10.1922, ist Hermann Gödicke als Passagier der III. Klasse und als Maschinist gelistet. Seinen Familienstand gibt er nunmehr mit ‚ledig' an (Anlage 17).

Bereits die Jungfernreise hatte die YORCK, ebenfalls ein Reichspostdampfer der Feldherrnklasse des NDL, im November 1906 von Bremerhaven nach New York geführt. In der Folgezeit war auch sie im Ostasiendienst eingesetzt, befuhr aber außerdem die Nordatlantikroute. Auch sie kam 1920 nach der Internierung zurück, wurde modernisiert und nahm wieder den Liniendienst Bremerhaven – New York auf, bis sie schließlich 1933 in Danzig abgewrackt wurde.[54]

51 - Transatlantikdampfer STUTTGART

Über die nachfolgende dritte Reise von Amerika nach Deutschland konnte ich nur in Erfahrung bringen, dass Hermann Gödicke, nachdem er Ende Mai Marion verlassen hatte, am 25. Juni 1923 in Bremerhaven von

---

[54] Kludas III, 1988, 159; Werft Schichau Danzig; 8.900 BRT; ca. 147 m lang und 17,5 m breit; 15 Knoten, Kapazität Passagiere: I. Kl. max. 107; II.KL. max. 113; III. Kl. max. 2038.

Herman Goedicke Declares German Farmers Get Rich

Marion Man, Back After Year in Germany, Sees Improved Conditions.

Financial, industrial and commercial conditions in Germany today are rapidly approaching a pre-war status as the result of the issuing of the new mark, according to Herman Goedicke, of No. 288 Park boulevard, who has just returned from a year's visit in Germany.

Mr. Goedicke, who lives with his son-in-law, Guy Hochstetter, at No. 288 Park boulevard, left Marion May 25, 1923 and landed in Bremen, June 25, 1923. He returned to his home here Tuesday morning. In 1921 Mr. Goedicke visited in Germany, his first return to his home since 1883.

"German people are again able to buy the necessities of life," Mr. Goedicke said. "The working man is able to maintain his family now, but the people who were living on the income of bank accounts have no income. The deflation of money values took away their earnings. Only those who had investments in certain stocks and in real estate saved anything in the fall of the money market. Unlike this country, the farmers in Germany are getting rich. During the period of financial depression farmers became wealthy.

"Before the new mark was established German merchants were insane in their desire for American money. American money was to them like a diamond. In one instance a man bought an American silver dollar from me and he gave me an armful of bills in exchange, worth 4,200,000,000 marks in German money. Another man wanted to exchange German for American money. He paid me 12,000,000 marks too much."

It is hard to convince doctors and druggists that health is wealth.

52 – aus 'The Marion Daily Star, Special Edition' vom 26. Jun. 1924

Bord eines Überseedampfers ging und ein Jahr in Deutschland blieb. Als er mit der „STUTTGART" auf der gleichen Linie des Norddeutschen Lloyds am 15.06.1924 New York wieder erreichte (Anlage 18), hatte er wohl bereits konkrete Vorstellungen und Pläne für seine Zukunft im Gepäck. Er wollte den Staaten den Rücken kehren, wo seine geschiedene Frau und die nun erwachsenen Kinder ein eigenständiges Leben führten. Möglicherweise hatte er während seines einjährigen Deutschlandaufenthalts bereits ‚Nägel mit Köpfen' gemacht.

Die STUTTGART war ebenfalls vom NDL als Passagierschiff für den Transatlantikverkehr in Auftrag gegeben und 1924 in der Vulkanwerft in Stettin gebaut worden. Im Oktober 1943 wurde sie in Gotenhaven (heute Gdynia in Polen) getroffen, auf die offene See geschleppt und in der Ostsee versenkt.[55]

Nach seiner Ankunft tauchte Hermann Gödicke 1924 nochmals in der Lokalpresse Marions, Ohio, auf. Und daher wird bekannt, dass er ein Jahr zuvor, also am 25. Mai 1923, Marion verließ, den Atlantik Richtung Deutschland überquerte und im Juni in Bremerhaven erreichte (s. o.).

Unter dem Titel „Deutsche Bauern werden reich" berichtete er über die während seines Heimataufenthalts gewonnenen Erkenntnisse verbesserter Bedingungen, benannte jedoch auch die Schattenseiten. Einen Grund sah er in der Ausgabe der neuen (inflationären) Mark. Der Arbeiter sei in der Lage, seine Familie zu ernähren. Wer allerdings auf Banknoten setze, sei durch den Wertverlust ohne Einkommen. Die finanzielle Flaute macht die Bauern Deutschlands wohlhabend. Für die Händler hatte sein Amerikanisches Geld den Wert von Diamanten.

Immerhin scheint er in Marion eine geachtete Persönlichkeit gewesen zu sein, deren Beurteilung der politisch-wirtschaftlichen Verhältnisse in Deutschland man mit Interesse hörte. Und er muss über die Jahre Rücklagen gebildet haben, da er sich finanziell unabhängig zur Ruhe setzen und ohne Erwerbstätigkeit seinen Lebensunterhalt bestreiten konnte.

---

[55] Kludas 1986; Länge ca. 167, Breite etwa 20 m; 13.325 BRT; 16,3 Knoten; zugelassene Passagierzahl: 171 I. Klasse, 338 II. Klasse, 594 III. Klasse

Zurück – doch nicht in die Heimat

Hermann kehrte zwischen 1925 und 1929 nach Deutschland zurück, denn im USA-Census von 1930 fehlte er bereits.

53 - Cuxhaven. Ankunft eines Amerikadampfers

Nordseebad Cuxhaven   Ankunft eines Amerikadampfers

In den Jahren der Inflation und der Weltwirtschaftskrise hatte er durch sein stabiles Vermögen in US-Dollars in Deutschland beste Chancen auf ein sorgenfreies Leben, wie er bereits in einem Presseartikel (Abb. 52) hatte verlauten lassen.

Wann er wieder in Deutschland eintraf, ist nicht bekannt - laut Familie geschah dies nach dem Tode seiner amerikanischen Frau. Aber das war eine bewusst verbreitete Scheinbegründung, die mit der Sprachregelung seiner geschiedenen Frau Katharina in den USA, die sich ebenfalls als verwitwet bezeichnete, übereinstimmte.

Die entsprechende Passagierliste zur Rückkehr nach Europa fand ich bislang nicht. Auch diesmal konnte das Schiff – wie stets - erst nach dessen gesundheitspolizeilicher Kontrolle samt Crew und Passagieren durch den Hafenarzt in Cuxhaven die Fahrt in die Heimathäfen Bremerhaven und Hamburg fortsetzen.[56] Unklar ist zudem, wann er die amerikanische Staatsbürgerschaft ablegte und wie er als Amerikadeutscher und einstiger Auswanderer wieder eingebürgert wurde. Ebenfalls unbekannt ist, ob er gleich nach Potsdam übersiedelte. Jedenfalls wohnte er

---

[56] Krull 2013, 93

1932 unter der Bezeichnung ‚Privatier'[57] in Potsdam in der Packhofstraße 3. „Die Häuser Packhofstraße 1 bis 3 waren nach dem Bombenangriff von 1945, …, offensichtlich noch vollständig erhalten … und wurden später abgerissen."[58]

Packhofstraße.
Nr. 1 an der Burgstraße.
1. E. Kirchner, M., Kaufmann.
   Ahlert, Fritz, Arbeiter.
   Friese, August, Bierfahrer.
   Kirchner, Hugo (Inh.: Martin Kirchner) Lebensmittelgroß-handel. T
   Kirchner, Johanna, Witwe.
   Lowitsch, Johanna.
   Schurig, Wilhelm, Kutscher.
   Seidel, Albert, Oberzollsekr.
   Seidel, Ida, Witwe.
2. E. Schirmer, G., Schlächterei.
   Lente, K., Oberfeuerwehrm.
   Limpert, Hans, Radiotechniker.
   Löhmel, Herm., Kaufmann.
   Pietsch, Albert, Zigarren- und Zigarettenhändler.
   Pietsch, August, Maurer.
   Theisen, Laura, Witwe.
   Theisen, L., Mag.-Angestellter.
   Wille, Joh., Sattler.
3. E. Schmidt, H., Bädermstr.
   Frebe, Helene, Witwe.
   Hannemann, Johanna, Wtw.
   Kleitmann, H., Obergärtner.
   Kohlmann, M., Pensionärin.
   Loot, A., Ob.-Verw.-Sekr.

54 - Auszug aus dem Potsdamer Adress-buch von 1930 für Packhofstraße 1-3.

Er soll dort mit einer Frau zusammen gelebt haben, mit der er nicht verheiratet war. Tatsächlich weist ein Auszug des einzigen erhaltenen Einwohnerbuches zur Packhofstraße aus dem Jahre 1930 u. a. als Bewohnerinnen zwei Witwen, jedoch noch keinen Hermann Gödicke aus.

Verstorben ist er am 10.09.1932 im Städtischen Krankenhaus in Potsdam kurz vor Vollendung seines 75. Lebens-jahres – laut Familie an einer Bilddarm-entzündung. Allzu viel scheint er in Potsdam aus seinem Leben nicht preis-gegeben zu haben. Denn beim Aus-stellen seiner Sterbeurkunde ist dem Beamten sein Familienstand nicht bekannt (Anlage 19).

Hermann August Gödicke überquerte acht Mal den Nordatlantik, baute sich in den Staaten eine Existenz auf, bekam mit zwei Frauen sieben Kinder und hinterließ bei seinem Tode elf Enkel auf zwei Kontinenten.

---

[57] finanziell unabhängiger Privatmann, Rentner; Die Verwendung des Wortes Privatier als Ersatz für eine Berufsbezeichnung kam während des 19. Jh. im Zuge des Aufstiegs des Bürgertums auf. Wikipedia Abruf 30.05.2019
[58] www.Potsdam-Chronik.de; Abruf 19.05.2019

Die andere halbe Familie

Marie Schlaf hielt bis in die späten 1930er Jahre Kontakt zu Gödickes in Reinsdorf. Sie hat – wie bereits erwähnt - nie geheiratet. Inzwischen war es im Haus in der Laternengasse für sie und für die Familie ihrer Tochter ziemlich eng geworden. Hannelore, eine der ältesten Urenkelinnen, erinnerte sich, dass sie als Kind ihre stets mehr erblindende Urgroßmutter Marie mitunter auf dem Weg vom Nebraer Schlossberg, wo sie damals wohnte, durch das Rosenthal über die Unstrut nach Reinsdorf begleitete, weil ihr sonst ein Besuch bei den Verwandten ihres ehemaligen Partners nicht mehr möglich war. Das waren Hermann Gödickes ebenfalls Hermann genannter Neffe und dessen Ehefrau Frieda. In ihren letzten Lebensjahren musste Marie gesundheitsbedingt dann selbst von diesem Gang Abstand nehmen.

55 - Nebra. Markt mit Stadtkirche St. Georg

Die Urgroßmutter Marie Friederike Wilhelmine verstarb am 24. April 1945 völlig erblindet in Nebra. Sie war fast 88 Jahre alt geworden. Ihren Jugendfreund und Vater ihrer gemeinsamen Tochter, Hermann Gödicke, traf sie wohl nach dessen Rückkehr nach Deutschland nicht mehr.

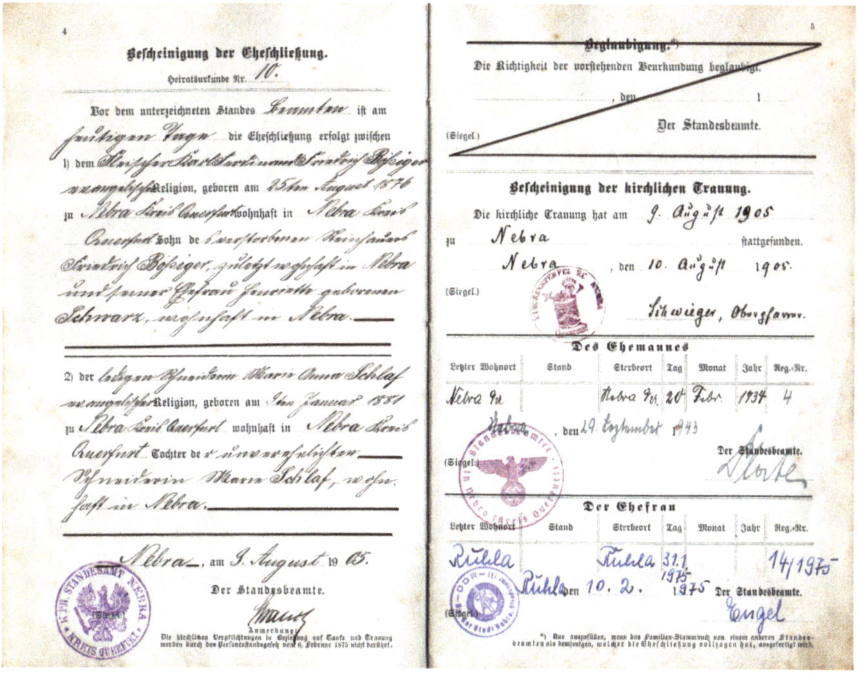

Bescheinigung der Eheschließung.

Heiratsurkunde Nr. *10.*

Vor dem unterzeichneten Standes *beamten* ist am

heutigen Tage die Eheschließung erfolgt zwischen

1) dem *Kupferschmied namens Friedrich Bößiger*

evangelischer Religion, geboren am *25ten August 1876*

zu *Nebra Kreis Querfurt* wohnhaft in *Nebra Kreis*

Querfurt Sohn des *verstorbenen Kupferschmied*

Friedrich Bößiger, zuletzt wohnhaft in Nebra

und seiner Ehefrau Henriette geboren

Schwarz, wohnhaft in Nebra.

2) der *ledigen Schneiderin Marie Anna Schlaf*

evangelischer Religion, geboren am *3ten Januar 1881*

zu *Nebra Kreis Querfurt* wohnhaft in *Nebra Kreis*

Querfurt Tochter der *unverehelichten*

Schneiderin Marie Schlaf, wohn-

haft in Nebra.

Nebra, am *9. August* 19 *05.*

Der Standesbeamte

Maul

Anmerkung: Die kirchlichen Verpflichtungen in Copierung auf Taufe und Trauung
werden durch die Pastorenbehörde vom 6. Februar 1875 nicht berührt.

Beglaubigung.

Die Richtigkeit der vorstehenden Beurkundung beglaubigt

, den 1

(Siegel.) Der Standesbeamte.

Bescheinigung der kirchlichen Trauung.

Die kirchliche Trauung hat am *9. August 1905*

zu *Nebra* stattgefunden.

Nebra, den 10. *August* 1905.

(Siegel.) *Schwüger, Oberpfarrer.*

Des Ehemannes

Letzter Wohnort	Stand	Sterbeort	Tag	Monat	Jahr	Reg.-Nr.
Nebra 9u		Nebra 9u	20.	Febr	1934	4
Nebra			den 29. September 1943			

Der Standesbeamte

Storch

Der Ehefrau

Letzter Wohnort	Stand	Sterbeort	Tag	Monat	Jahr	Reg.-Nr.
Ruhla		Ruhla	31.1	1975		14/1975
Ruhla		den 10. 2.		1975		

Der Standesbeamte

Engel

*) Nur auszufüllen, wenn der Familien-Stammbrief von einem anderen Standes-
beamten als demjenigen, welcher die Eheschließung vollzogen hat, ausgefertigt wird.

---

56 - Auszug aus dem Buch der Familie „Bößiger" mit Geburts-, Heirats- und Sterbeeinträgen des Ehepaars Marie Schlaf und Carl Friedrich Bößiger

57 - Anna Schlaf und Carl Friedrich Bößiger

Maries und Hermanns Tochter Anna wurde Schneiderin und heiratete 1905 Carl Friedrich Bößiger (* 25.08.1876-† 20.02.1934), einen Nebraer Fleischer. Das Ehepaar bezog das Haus in der Nebraer Laternengasse und bekam sieben Kinder. In den Jahren der Inflation und der Weltwirtschaftskrise hielten Anna mit Schneiderarbeiten und Friedrich mit weiteren Jobs, wie Handarbeiter im Nebraer Sandsteinbruch oder Freihalten der Fahrrinne der Unstrut, die Familie über Wasser, zumal die meisten Kinder noch keinen Verdienst beisteuern konnten.

58 - Anna Bößiger, geb. Schlaf mit ihren fünf ältesten Kindern Oskar, Kurt Friedrich, Henriette Erna, Anna Marie Wally und Hermann Kurt im Jahr 1914.

Friedrich Bößiger ist auf einem vielen Nebraern bekannten Foto auf der Unstrut zu sehen (Abb. 59), als lebenslustig und gesellig beschrieben und in das Vereinsleben voll integriert. Er verstarb bereits 1934 relativ früh im Alter von noch nicht einmal 58 Jahren.

Seine Frau Anna, die älteste Tochter Hermann August Gödickes, lebte noch viele Jahre im Haus in der Nebraer Laternengasse gemeinsam mit der Familie einer ihrer Söhne, zuletzt bei einem anderen Sohn.

59 – Unstrutkahn mit Arbeitern, Friedrich Bößiger steht in der Mitte. Im Hintergrund der Nebraer Bahnhof.

60 – Ehepaar Bößiger auf einer Veranstaltung im Volkshaus Nebra in den 1920er Jahren

Ihrem verstorbenen Ehemann folgte sie erst mehr als 40 Jahre später am 31. Januar 1975 im hohen Alter von 94 Jahren nach.

Ich erinnere mich ihrer fast nie genutzten ‚guten' Stube mit dem Vitrinenschrank und dem Goldrandgeschirr, einer weinroten Plüschdecke, der kleinen Schlafkammer zum Hof und ihrer winzigen Wohnküche mit Nähmaschine, des hochlehnigen

Sofas mit einem dunklen, grünen Samtbezug, auf dem ich bei Besuchen stets saß, an den Herd, auf der immer die eiserne Brennschere für ihre Haare zur Hand lag und dass sie vor jedem Gebrauch deren Temperatur an einem alten Stück Zeitungspapier prüfte.

62 – Nebra um 1910

Aus Hermann Gödickes Nachlass – so erzählten Annas Söhne seinerzeit – erhielt seine Tochter Anna Schlaf u. a. Kleidungsstücke ihres Vaters von den Verwandten aus Reinsdorf überbracht, darunter einen hellsandfarbenen Anzug und eine ‚Kreissäge' (Strohhut) im Stil der wilden 20er Jahre, ganz modisch und sehr auffällig, den Annas Mann bis zum Lebensende trug. Mit diesem amerikanischen Outfit seines sog. Schwiegervaters sorgte unser Großvater Friedrich Bößiger, Anfang der 1930er Jahre auf der Breiten Straße in Nebra stets für mächtiges Aufsehen!

63 – Nebra. Breite Straße

Dankesworte

Mein besonderer Dank gilt meiner Cousine Hannelore Gleitsmann und ihrem Mann Willi (beide †). Sehr hilfreich war auch der Kontakt zu Frau Heike Kettner, den Frau Roswita Hartmann, beide Nebra, vermittelte.

Für Auskünfte und Angaben danke ich Frau Lange, Stadtarchiv der Landeshauptstadt Potsdam, Frau Böttcher, Standesamt der Verbandsgemeinde Unstruttal in Freyburg/Unstrut, und Frau Kleinert, Standesamt der Stadt Querfurt, ebenso Madame Machteld De Ryck, Red Star Line Museum Antwerpen, sowie Frau Evelyn Laske, Herrn Klaus-Peter Riedel und Herrn Julian Ottlewski, Deutsches Auswandererhaus Bremerhaven.

Insbesondere unterstützten mich bei der Recherche dankenswerter Weise Herr Reinhard Meides, Ronneburg, und meine Tochter, Frau Katharina Leineweber, Voorburg.

Den Herren Bernd W. Bahn, Weimar, Tobias Gembalski, Halle (Saale), und meinem Mann, Bernd Leineweber, danke ich für lektorierende, redaktionelle und grafische Unterstützung sowie für die Bildbearbeitung.

Literatur und Quellen

Adressbuch. Einwohnerverzeichnis, Wohnungs- und Geschäftsanzeiger Kreis Querfurt, Querfurt 1927.

Adress- und Geschäftshandbuch für den Kreis Querfurt, Querfurt 1899.

Blaschka-Eick, S.: In die Neue Welt! Deutsche Auswanderer in drei Jahrhunderten, Hamburg 2010.

Bobbe, H.-H. (Hrsg.): Denkwürdigkeiten für Reinsdorf, Reinsdorf 1990.

Datenbank „Find A Grave Memorial".

Dierecke Schulatlas für höhere Lehranstalten, Grosze Ausgabe 1926.

Geschichte der Deutschen in den Vereinigten Staaten. wikipedia.org.

Graef, F.: Beschreibung der Orts-Sehenswürdigkeiten von Neuwiedermuß anno ~1780 bis ~1960, Ronneburger Heimatblätter, Nachrichten aus unserer Geschichte. Ausgabe 9, 2013, 4-5.

Kludas, A: Die Geschichte der deutschen Passagierschiffahrt 1850 bis 1990, Band 1: Die Pionierjahre von 1850 bis 1890. (= Schriften des Deutschen Schiffahrtsmuseums. Band 18), 1986.

Kludas, A.: Die Geschichte der deutschen Passagierschiffahrt 1850 bis 1990, Band 3: Sprunghaftes Wachstum 1900 bis 1914. (= Schriften des Deutschen Schiffahrtsmuseums. Band 20), 1988.

Krull, S.: Die Geschichte der Gesundheitsbehörde der Freien und Hansestadt Hamburg im 20. Jahrhundert. Dissertation der Medizinischen Fakultät der Ludwig-Maximilians-Universität zu München 2013.

Moreno, B.: Castle garden und ellis island tore zu einer neuen welt; https://docplayer. org/7911411-.html

Nocht, B.: Vorlesungen für Schiffsärzte der Handelsmarine über Schiffshygiene, Schiffs- und Tropenkrankheiten, Leipzig 1906.

Official Roster of Ohio Soldiers, Sailors, and Marines in the World War, 1917-18.

Solem, B.: The transatlantic passage by Norddeutscher Lloyd steamers, Bremen – Southampton – New York. Norway Heritage, October 19, 2009.

https://www.dhm.de/lemo/kapitel/reaktionszeit/alltagsleben/auswanderung.html

https://www.landkartenarchiv.de

https://www.zeit.de/zeit-geschichte/2011/03/Massenauswanderung

https://familysearch.org

https://wiki-de.genealogy.net/Deutsche Auswanderer

https://wiki/Hamburg-Amerkanische-Packetfahrt-Actien-Gesellschaft

https://de.wikipedia.org/wiki/Auswandererschiff

Abbildungsnachweis

Abb. 1, 19, 21, 56-60, Anlagen 1-4, 19: private Familienarchive

Abb. 2, 4-12, 14, 15, 17, 18, 20, 22, 23, 25, 26, 29, 39, 40, 46-49, 51, 53, 55, 62, 63, Titel und Rücktitel: historische Ansichtskarten, teils als Ausschnitt

Abb. 3, 13: Repros R. Leineweber aus dem Querfurter wöchentlichen Kreisblatt

Abb. 16: Karte des Deutschen Reiches 1 : 100.000 (388) Querfurt 1893 (Ausschnitt); www.landkartenarchiv.de

Abb. 24: Wikipedia.org; Abruf SS Rhynland 28.05.2019

Abb. 27: Diercke Schulatlas für höhere Lehranstalten, Grosze Ausgabe 1926, Ausschnitt S. 63

Abb. 28: Wikipedia Abruf Marion Ohio 01.06.2019

Abb. 30: © Kirchenbuchauszug Hüttengesäß, R. Meides, Ronneburg

Abb. 31-38, 41-43, 45, 50, 52, Anlagen 5, 6: Ancestry Confirmation Number 8369115; 6/5/2013-5/6/2013

Abb. 44: Nocht 1906, 26, Abb. 18

Abb. 54: Landeshauptstadt Potsdam

Anlage 7: Ancestry Abruf 05.06.2019

Anlagen 8-16, 18: FamilySearch 2013

Umschlag: © Tobias Gembalski, Halle (Saale); Foto Autorin: © E. Liebetrau, Ruhla.

Anlagen

aller Nachweise, die nicht im Original oder Foto davon, sondern in Kopie, Abschrift (vor allem für den Ariernachweis nach 1935) oder als Datensatz aus *ancestry* oder *FamilySearch* vorgelegen haben.

Anlage 1: Abschrift der Geburtsurkunde Hermann Gödickes aus dem Reinsdorfer Taufregister (Vorder- und Rückseite)

Anlage 2: Abschrift des Geburtsscheins Marie Schlafs aus dem Nebraer Kirchenregister

Geburts-Urkunde　　　　　　　　Nr. 3.

N e b r a , am 14 ten Januar 1881.

Vor dem unterzeichneten Standesbeamten erschien heute, der Persönlichkeit nach

be kannt,

Frau Hebamme Christiane Precht, geborene Taenzer

wohnhaft zu N e b r a

Religion, und zeigte an, daß von der

unverehelichten Marie Schlaf, Nätherin

evangelischer Religion,

wohnhaft zu Nebra bei ihren Eltern

zu Nebra in der Wohnung ihrer Eltern

am neunten Januar des Jahres

tausend achthundertachtzig und eins, Morgens

um sechs ein halb Uhr ein Kind weib lichen Geschlechts geboren

worden sei, welches die Vornamen

Marie, Anna

erhalten habe.

Die Frau Precht erklärte, daß sie bei der Nieder=

kunft der unverehelichten Schlaf zugegen gewesen sei.

Vorgelesen, genehmigt und unterschrieben.

Christiane Precht

Der Standesbeamte

Bucke

Daß vorstehender Auszug mit dem Geburts-Haupt-Register des Standesamts

zu Nebra gleichlautend ist, wird hiermit bestätigt.

N e b r a , am 25. Oktober 1933.

Der Standesbeamte

Anlage 3: Kopie der Geburtsurkunde Anna Schlafs

Beglaubigte Abschrift.

Das Amtsgericht.   Nebra a/U., den 7. Dez. 1932.
Gegenwärtig:
Amtsgerichtsrat Meischeider
          als Richter

Es erschien
die unvereheliohte Marie Schlaf
aus Nebra a/U., 75 Jahre alt, sich
ausweisend durch Vorlage ihrer Termins=
ladung und erklärte:

Joh habe am 9. Januar 1881 auserehe=
lich ein Kind geboren, der damaligen
Schlosser, spätere Privatmann Hermann
Goedicke hat die Vaterschaft zu diesem
Kinde in einer gerichtlichen Urkunde
anerkannt und sich verpflichtet, Unter=
haltsgelder zu bezahlen. Unterhaltsgeld
ist aber nicht bezahlt worden, weil
Gödicke nach Amerika ging. Dieses Kind
ist die jetzige Ehefrau des Fleischers
Bössiger, Anna geb. Schlaf.

Joh versichere dies an Eidesstatt.

v.   g.   u.

gez. Marie Schlaf
gez. Meischeider.

=+=+=+=

Geschäftsstelle des Amtsgerichts.   Nebra a/U., den 12. Dezember 32.

Die vorstehende Abschrift stimmt mit der Urschrift wörtlich
überein.

(L.S.) gez. Thiele   Justizobersekretär
           als Urkundsbeamter der Geschäftsstelle des
                      Amtsgerichts.

Vorstehende Abschrift wird hiermit
beglaubigt. N e b r a, den 27. Januar 1938
                   Der Bürgermeister
0,50 RM Gebühr   als Ortspolizeibehörde
bezahlt.   J.A.
  -.-

Anlage 4: Nachweis der gerichtlichen Anerkennungsurkunde Anna Schlafs als Tochter Hermann Gödickes

73

MultiFamilyZ

Herman Goedicke
Birth **NOV 1858** in Germany
Death

Timeline

1858 Birth
Nov Germany

1883 Immigration
2 Nov Marion Co , Ohio
Age: 25

1888 Naturalization
3 Nov Marion Co , Ohio
Age: 30

1888 Marriage to Katharina Waitz
Age: 30 Marion Co , Ohio

Occupation
machenist

Death
Y

Family Members
Parents
No Father

No Mother

Spouse & Children
Katharina Waitz
1868 – 1939

Source Information
No source citations have been added yet.

Anlage 5: Herman Goedicke mit Ankunft in New York

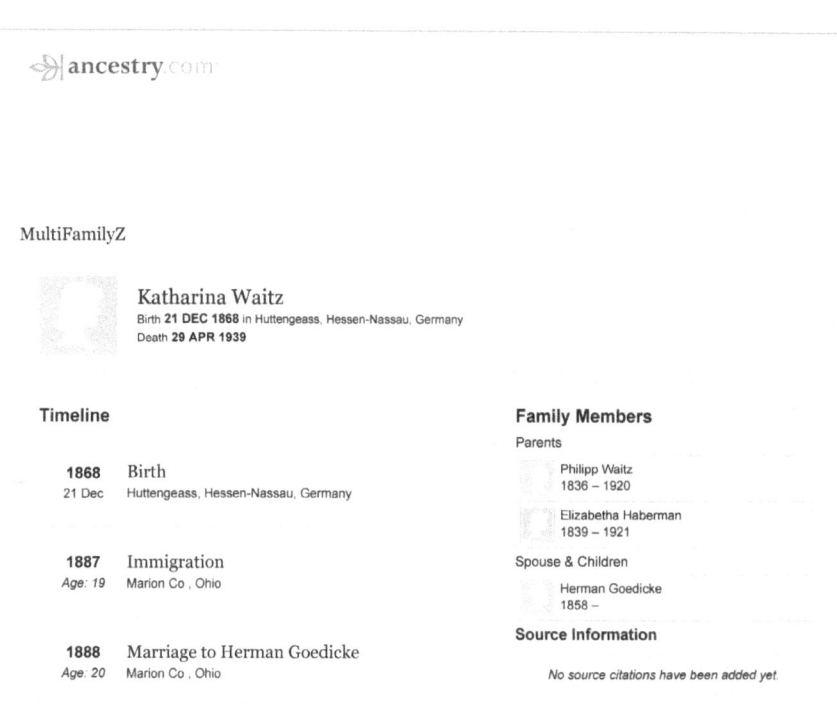

MultiFamilyZ

Katharina Waitz
Birth **21 DEC 1868** in Huttengeass, Hessen-Nassau, Germany
Death **29 APR 1939**

Timeline

1868
21 Dec
Birth
Huttengeass, Hessen-Nassau, Germany

1887
Age: 19
Immigration
Marion Co , Ohio

1888
Age: 20
Marriage to Herman Goedicke
Marion Co , Ohio

1939
29 Apr
Age: 70
Death

Family Members
Parents

Philipp Waitz
1836 – 1920

Elizabetha Haberman
1839 – 1921

Spouse & Children

Herman Goedicke
1858 –

Source Information

No source citations have been added yet.

Anlage 6: Katharina Waitz mit Eltern

Mary Vollmer in the 1940 Census

Age	70, born abt 1870
Birthplace	Germany
Gender	Female
Race	White

Home in 1940	Arden Road Columbus, Franklin, Ohio

Household Members		Age
Mother	**Mary Vollmer**	**70**
Father	Fred Vollmer	70
Nurse	Moa Lawell	47
Head	Helen M Waidner	43
Daughter	Rosemary Waidner	12
Daughter	Anne E Waidner	9

Anlage 7: Maria Waitz-Vollmer im Census 1940

Alwina Goedicke, "Ohio, County Births, 1856-1909"

name:	**Alwina Goedicke**
titles & terms:	
event:	Birth
event date:	18 Jun 1890
event place:	Marion, Marion, Ohio
registration date:	
registration place:	
gender:	Female
race:	
father:	Herman Goedicke
father's titles & terms:	
father's birthplace:	
father's age:	
mother:	Kate Weitz
mother's titles & terms:	
mother's birthplace:	
mother's age:	
additional relatives:	
reference number:	v 2 p 154
film number:	384336
digital folder number:	004016645
image number:	00278

Citing this Record

"Ohio, County Births, 1856-1909," index and images, *FamilySearch* (https://familysearch.org/pal:/MM9.1.1/X6WR-D7P : accessed 03 Jan 2013), Alwina Goedicke, 1890.

Anlage 8: Alwinas Geburtseintrag

Keil D Hochstetter, "Ontario Marriages, 1869-1927"

name:	**Keil D Hochstetter**
event:	Marriage
event date:	28 Jul 1910
event place:	Windsor, Essex, Ontario, Canada
age:	20
estimated birth year:	1890
father:	Fred Hochstetter
mother:	Lizzie Keil
spouse:	Helen Goedecker
spouse's age:	18
spouse's estimated birth year:	1892
spouse's father:	Herman Goedecker
spouse's mother:	Catherine Weitz
registration number:	009612
film number:	1887239
digital folder number:	4529581
image number:	00494

Citing this Record

"Ontario Marriages, 1869-1927," index, *FamilySearch* (https://familysearch.org
/pal:/MM9.1.1/KSZ5-59W : accessed 02 Jan 2013), Keil D Hochstetter and Helen
Goedecker, 1910.

Anlage 9: Helens Hochzeitseintrag

Helen L Hochstetter, "Ohio, Death Index, 1908-1932, 1938-1944, and 1958-2007"

name:	**Helen L Hochstetter**
prefix:	
suffix:	
event:	Death
event date:	07 Aug 1958
time of death:	
event place:	Marion, Marion, Ohio, United States
other event place:	Marion General Hospital
registration state:	
filing date:	
residence:	Marion, Marion, Ohio, United States
street address:	
residence postal code:	
within city limits:	
gender:	Female
age:	66
marital status:	Divorced
race:	White
hispanic origin:	
literal other race:	
industry:	
education level:	
occupation:	
armed forces:	
branch of service:	
social security number:	
birth date:	1892
birthplace:	
father's surname:	
mother's surname:	
injury in ohio:	
injury at work:	
type or place of injury:	
hospital status:	
referred to coroner:	
autopsy performed:	Yes, used for certification
method of disposition:	
infant death certificate:	
certificate number:	58218
volume number:	15506
registrar certificate:	
page number:	
certifier:	Physician
census tract:	
registration district:	
original source line:	56204
original source file:	DEATHS58.DAT
source:	Ohio Department of Health

Citing this Record

"Ohio, Death Index, 1908-1932, 1938-1944, and 1958-2007," index, *FamilySearch*

Anlage 10: Helens Todeseintrag

Herman Goedicke in entry for Carl Henry Goedicke, "Ohio, Births and Christenings, 1821-1962"

name:	Carl Henry Goedicke
gender:	Male
baptism/christening date:	
baptism/christening place:	
birth date:	15 May 1894
birthplace:	Marion, Marion, Ohio
death date:	
name note:	
race:	
father's name:	**Herman Goedicke**
father's birthplace:	
father's age:	
mother's name:	Katherine Weitz
mother's birthplace:	
mother's age:	
indexing project (batch) number:	C01311-4
system origin:	Ohio-ODM
source film number:	384336
reference number:	

Citing this Record

"Ohio, Births and Christenings, 1821-1962," index, *FamilySearch* (https://familysearch.org /pal:/MM9.1.1/XX74-6QC : accessed 02 Jan 2013), Herman Goedicke in entry for Carl Henry Goedicke, 15 May 1894.

Anlage 11: Carl Henrys Geburtseintrag

Kathrine Weitz in entry for Herbert Paul Goedicke and Wilda Edelman, "Ohio, County Marriages, 1789-1994"

name:	Herbert Paul Goedicke
titles & terms:	
event:	Marriage
event date:	28 Aug 1926
event place (standardized):	Marion, Ohio, United States
event place (other):	
age:	30
estimated birth year:	1896
birth date:	
birthplace:	Marion, Ohio
father:	Herman Goedicke
father's titles & terms:	
mother:	**Kathrine Weitz**
mother's titles & terms:	
spouse:	Wilda Edelman
spouse's titles & terms:	
spouse's age:	29
spouse's estimated birth year:	1897
spouse's birthplace:	Marion, Marion Co., Ohio
spouse's father:	William Edelman
spouse's father's titles & terms:	
spouse's mother:	Agnes Cull
spouse's mother's titles & terms:	
reference number:	111
film number:	384250
digital folder number:	004016607
image number:	00104

Citing this Record

"Ohio, County Marriages, 1789-1994," index and images, *FamilySearch* (https://familysearch.org/pal:/MM9.1.1/XZ2Y-HS8 : accessed 03 Jan 2013), Kathrine Weitz in entry for Herbert Paul Goedicke and Wilda Edelman, 1926; citing reference 111, FHL microfilm 384250.

Anlage 12: Herbert Pauls Heiratseintrag

Hellen Louise Hochstetter in household of Henfert P Goedicke, "United States Census, 1940"

name:	**Hellen Louise Hochstetter**
titles & terms:	
event:	Census
event year:	1940
event place:	Pleasant Township, Marion, Ohio, United States
gender:	Female
age:	48
marital status:	Divorced
race (original):	
race (standardized):	White
relationship to head of household (original):	
relationship to head of household (standardized):	Sister
birthplace:	Ohio
estimated birth year:	1892
residence in 1935:	Rural, Marion, Ohio
enumeration district number:	51-43
family number:	84
sheet number and letter:	4B
line number:	77
nara publication number:	T627
nara roll number:	3111
digital folder number:	005460640
image number:	00435

	Household	Gender	Age	Birthplace
head	Henfert P Goedicke	M	42	Ohio
son	H Paul Goedicke	M	2	Ohio
sister	Hellen Louise Hochstetter	F	48	Ohio

Citing this Record

"United States Census, 1940," index and images, *FamilySearch* (https://familysearch.org/pal:/MM9.1.1/KWN3-85L : accessed 02 Jan 2013), Hellen Louise Hochstetter in household of Henfert P Goedicke, Pleasant Township, Marion, Ohio, United States; citing enumeration district (ED) 51-43, sheet 4B, family 84, NARA digital publication T627, roll 3111.

Anlage 13: Haushalt Goedicke im Census 1940

Herbert P Goedicke, "Ohio, Death Index, 1908-1932, 1938-1944, and 1958-2007"

name:	**Herbert P Goedicke**
prefix:	
suffix:	
event:	Death
event date:	31 Jul 1977
time of death:	
event place:	Marion, Marion, Ohio, United States
other event place:	Marion General Hospital
registration state:	
filing date:	
residence:	Marion, Ohio, United States
street address:	
residence postal code:	
within city limits:	
gender:	Male
age:	79
marital status:	Widowed
race:	White
hispanic origin:	
literal other race:	
industry:	
education level:	
occupation:	
armed forces:	
branch of service:	
social security number:	
birth date:	1898
birthplace:	
father's surname:	
mother's surname:	
injury in ohio:	
injury at work:	
type or place of injury:	
hospital status:	
referred to coroner:	
autopsy performed:	Yes, unknown if used for certification
method of disposition:	
infant death certificate:	
certificate number:	052485
volume number:	22945
registrar certificate:	
page number:	
certifier:	Physician
census tract:	
registration district:	
original source line:	52484
original source file:	DEATHS77.DAT
source:	Ohio Department of Health

Citing this Record

"Ohio, Death Index, 1908-1932, 1938-1944, and 1958-2007," index, *FamilySearch*

Anlage 14: Herberts Todeseintrag

Alfred Goedicke, "Ohio, County Births, 1856-1909"

name:	**Alfred Goedicke**
titles & terms:	
event:	Birth
event date:	13 Aug 1904
event place:	Marion, Marion, Ohio
registration date:	
registration place:	
gender:	Male
race:	
father:	Herman Goedicke
father's titles & terms:	
father's birthplace:	
father's age:	
mother:	Katie White
mother's titles & terms:	
mother's birthplace:	
mother's age:	
additional relatives:	
reference number:	v 3 p 80
film number:	384336
digital folder number:	004016645
image number:	00509

Citing this Record

"Ohio, County Births, 1856-1909," index and images, *FamilySearch* (https://familysearch.org/pal:/MM9.1.1/X6W1-NBM : accessed 03 Jan 2013), Alfred Goedicke, 1904.

Anlage 15: Alfreds Geburtseintrag

Goedicke, "Ohio, County Births, 1856-1909"

name:	**Goedicke**
titles & terms:	
event:	Birth
event date:	13 Aug 1904
event place:	Marion, Marion, Ohio
registration date:	
registration place:	
gender:	Male
race:	
father:	Herman Goedicke
father's titles & terms:	
father's birthplace:	
father's age:	
mother:	Katie White
mother's titles & terms:	
mother's birthplace:	
mother's age:	
additional relatives:	
reference number:	v 3 p 80
film number:	384336
digital folder number:	004016645
image number:	00509

Citing this Record

"Ohio, County Births, 1856-1909," index and images, *FamilySearch* (https://familysearch.org/pal:/MM9.1.1/X6W1-NB3 : accessed 03 Jan 2013), Goedicke, 1904.

Anlage 16: Geburtseintrag des namenlosen Zwillingsbruders

Reiseklasse	Nr.	Name	Vorname(n)	Geschl.	Alter	Fam.Stand	Bisheriger Wohnort	Staatsangehörigkeit	Staat oder Provinz	Beruf	Ziel der Reise	US-Staat	Bemerkungen
III. Klasse	70	Ramke	Conrad	m	64	verh	Woodburn	USA	IN	Ldw. Bes.	Mommi Towenship	IN	
III. Klasse	71	Leitermann	Friedrich	m	15		Brooklyn	USA	NY	Sattlerges. Ang.	Brooklyn	NY	
III. Klasse	72	Goedicke	Hermann	m	62	led	Marion	USA	OR	Maschinist	Marion	OR	
III. Klasse	73	Siepper	Theresie	w	18	led	Passaic	USA	NJ	Hausmädchen	Passaic	NJ	
III. Klasse	74	Punke	Gerhard	m	60	verh	Edgar	USA	WI	Ldw. Bes.	Edgar	WI	
III. Klasse	75	Roemke	William	m	59	verh	Woodburn	USA	IN	Ldw. Bes.	Woodburn	IN	
III. Klasse	76	Mordus	John	m	46	verh	Girardville	USA	PA	Bergm. Hauer	Girardville	PA	
III. Klasse	77	Mordus	John	m	16	led	Girardville	USA	PA		Girardville	PA	
III. Klasse	78	Mordus	Mary	w	8		Girardville	USA	PA		Girardville	PA	

Schiff: Yorck — Datum der Abfahrt: 07 Oktober 1922 — Archiv Ident.Nr.: AIII15-07.10.1922_M — Blatt 4
Kapitän: — Abfahrtshafen: Bremen
Unternehmer: F. Missler, Bremen — Ankunftshafen: New York

Anlage 17: Auszug Passagierliste YORCK 1922

Hermann Goedike, "New York, Passenger Arrival Lists (Ellis Island), 1892-1924"

given name:	Hermann
surname:	Goedike
last place of residence:	Marion, Ohio
date of arrival:	15 Jun 1924
age at arrival:	64y
ethnicity:	
port of departure:	Bremen
port of arrival:	New York
gender:	Male
marital status:	S
us citizen:	X
ship of travel:	Stuttgart

Citing this Record

"New York, Passenger Arrival Lists (Ellis Island), 1892-1924," index, *FamilySearch* (https://familysearch.org/pal:/MM9.1.1/JNH1-B4W : accessed 06 Jan 2013), Hermann Goedike, 15 Jun 1924; citing *Stuttgart*, United States National Archives, Washington, D.C.

Anlage 18: Auszug Passagierliste STUTTGART 1924

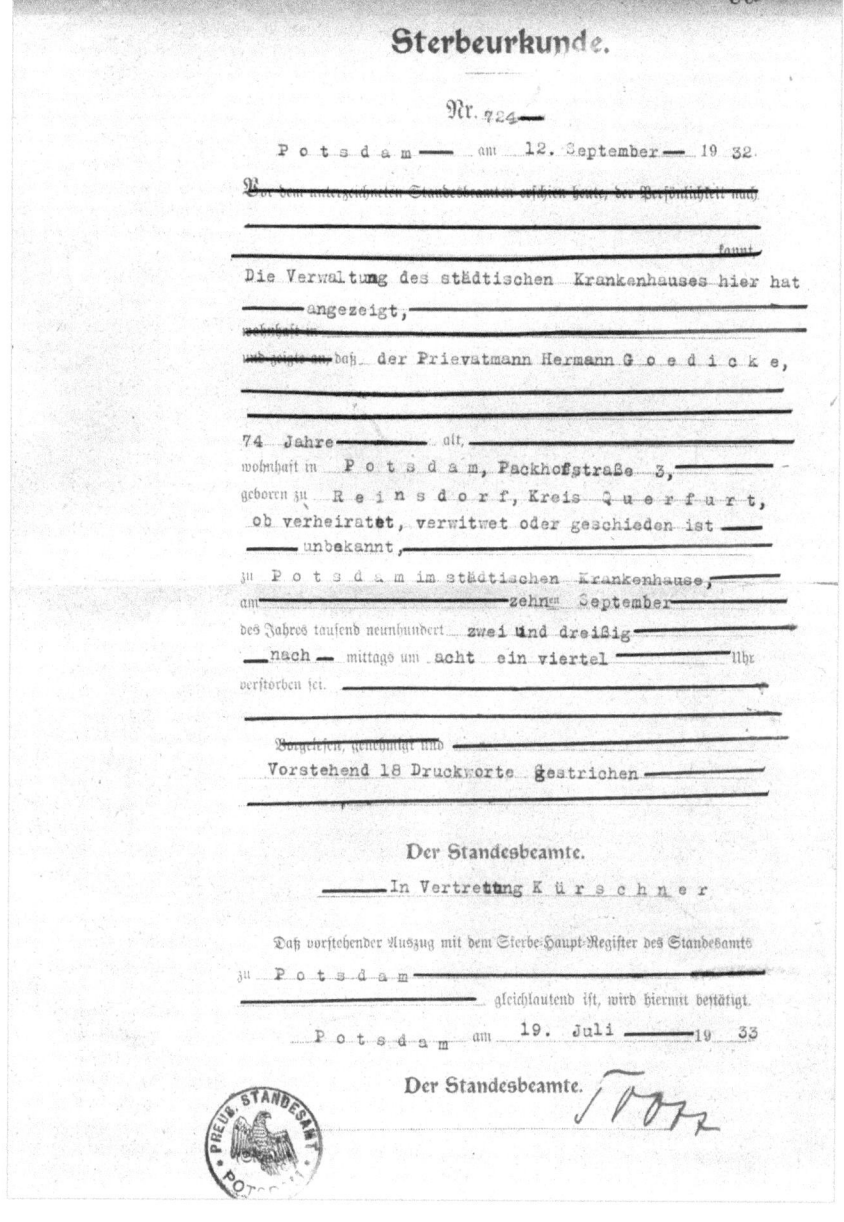

Sterbeurkunde.

Nr. 724

P o t s d a m — am 12. September — 19 32.

~~Vor dem unterzeichneten Standesbeamten erschien heute, der Persönlichkeit nach~~

_____ kannt

Die Verwaltung des städtischen Krankenhauses hier hat
angezeigt,

~~wohnhaft in~~

~~und zeigte an,~~ daß der Prievatmann Hermann G o e d i c k e,

74 Jahre _____ alt,

wohnhaft in P o t s d a m, Packhofstraße 3,

geboren zu R e i n s d o r f, Kreis Q u e r f u r t,

ob verheiratet, verwitwet oder geschieden ist
unbekannt,

zu P o t s d a m im städtischen Krankenhause,

am zehnten September

des Jahres tausend neunhundert zwei und dreißig

nach mittags um acht ein viertel Uhr

verstorben sei.

~~Vorgelesen, genehmigt und~~

Vorstehend 18 Druckworte gestrichen

Der Standesbeamte.

In Vertretung K ü r s c h n e r

Daß vorstehender Auszug mit dem Sterbe-Haupt-Register des Standesamts

zu P o t s d a m

gleichlautend ist, wird hiermit bestätigt.

P o t s d a m am 19. Juli _____ 19 33

Der Standesbeamte. Stott

Anlage 19: Hermann Gödickes Sterbeurkunde

Anlage 20:
Ahnenliste des Hermann Gödicke

1. Gödicke, Hermann August, Schlosser, * Reinsdorf 22.11.1857, ~ Reinsdorf
27.12.1857, † Potsdam 10.09.1932
oo Marion, Ohio, USA 31.05.1888 Katharina Waitz
Quellen: KB NEB, Konfirmandenliste 1872; Kopie Geburtsschein; KB
Hüttengesäß; FamilySearch/ ancestry 2013; Grabsteindatenbank mit Eintrag
unter www.findagrave.com/memorial/192887647 2019; private Familienarchive

   1. Ahnenreihe

2. Goedicke, Gottlob Heinrich, ev., Schiffseigner u. Holzhändler in Reinsdorf, *
Bottendorf/ Unstrut 02.11.1802, ~ Bottendorf/ Unstrut 03.11.1802, † Reinsdorf 25.10.1881
oo I. vor 1850 ... unbekannt,
oo II. Nebra 10.08.1851 Justina Scheiding
Quellen: KB Bottendorf, NEB
3. Scheiding, Justina Friederike, ev., * Nebra 20.04.1820, ~ Nebra 21.04.1820, †
Reinsdorf 04.11.1897
bei oo abweich. *Datum
oo Nebra 10.08.1851 Gottlob Goedicke
Quellen: KB NEB

   2. Ahnenreihe

4. Jödicke, George Christian, ev., Maurergesell u. Schiffseigentümer, * Botten-
dorf/ Unstrut 20.03.1776, ~ Bottendorf/ Unstrut 22.03.1776
oo Bottendorf/ Unstrut 15.02.1801 Johanna Bernhardtin
Quellen: KB Bottendorf
5. Bernhardtin, Johanna Sophia, ev., * Bottendorf/ Unstrut 14.02.1775, ~ Botten-
dorf/ Unstrut 16.02.1775
oo Bottendorf/ Unstrut 15.02.1801 George Jödicke
Quellen: KB Bottendorf
6. Scheiding, Johann Heinrich Traugott, ev., Tischlermeister u. Ratsassessor, *
Nebra 06.05.1775, ~ Nebra 07.05.1775, † Nebra 19.11.1844, [] Nebra
22.11.1844
oo Nebra 03.05.1807 Susanna Nordmann
Quellen: KB NEB
7. Nordmann, Susanna Eleonore, ev., * Nebra 12.11.1785, ~ Nebra 13.11.1785, †

Nebra 26.04.1848, [] Nebra 30.4.1848
63 J 5 M alt
oo Nebra 03.05.1807 Johann Scheiding
Quellen: KB NEB

3. Ahnenreihe

8. Jödicke, Johann Christian
   oo Maria Riebin
   Quellen: Ahnenpass; private Familienarchive
9. Riebin, Maria Magdalena
   oo Johann Jödicke
   Quellen: Ahnenpass; private Familienarchive
10. Bernhardt, Christian Heinrich
    oo Sophia Eckhardtin
11. Ehrhardtin, Sophia Magdalena
    oo Christian Bernhardt
    Quellen: Ahnenpass; private Familienarchive
12. Scheiding, Johann Heinrich, Tischlermeister, Ratsassessor, * Querfurt 1745, †
    Nebra 21.4.1817, [] Nebra 24.4.1817
    72 Jahre an Stickfluss, hinterlässt Witw. 2 S, 4 Tö.
    oo Nebra 24.04.1774 Maria Obstfelderin
    Quellen: KB NEB
13. Obstfelderin, Maria Justina, † 1824
    oo Nebra 24.04.1774 Johann Scheiding
    Quellen: Ahnenpass; private Familienarchive
14. Nordmann, Johann Gottfried, ev., Zeug- und Leinewebermeister, * Nebra
    08.04.1761, ~ Nebra 10.04.1761
    oo 22.11.1784 Susanne Schulzin
    Quellen: Ahnenpass; private Familienarchive
15. Schulzin, Susanne Eleonore, ev., * Nebra 12.03. o. J., ~ Nebra 17.03. o. J.
    oo 22.11.1784 Johann Nordmann
    Quellen: Ahnenpass; private Familienarchive

4. Ahnenreihe

24. Scheiding, Johann Andrä, B und Geselle in QFT
    Quellen: KB NEB
26. Obstfelder, Johannes, E in NEB, † vor 1774
    Maria Justina ist die jüngste Tochter aus erster Ehe
    oo Catharina ...
    Quellen: KB NEB

27. ..., Catharina, * 1722, † Nebra 31.12.1791, [] Nebra 3.1.1792
   gestorben im 70. Jahr
   oo Johannes Obstfelder
   Quellen: KB NEB
28. Nordmann, Johann Gottfried
   oo Justine Ehrhardtin
   Quellen: Ahnenpass; private Familienarchive
29. Ehrhardtin, Justine
   oo Johann Nordmann
   Quellen: Ahnenpass; private Familienarchive
30. Schultze, Johann Christian
   Quellen: Ahnenpass; private Familienarchive

Anlage 21:
Nachfahrenliste des George Christian Jödicke

1. Jödicke, George Christian, ev., Maurergeselle u. Schiffseigentümer, * Botten-
dorf/ Unstrut 20.03.1776, ~ Bottendorf/ Unstrut 22.03.1776
oo Bottendorf/ Unstrut 15.02.1801 Johanna Sophia Bernhardt, * Bottendorf/
Unstrut 14.02.1775
Quellen: private Familienarchive

1 Kind von Nr. 1

2. Goedicke, Gottlob Heinrich, ev., Schiffseigner u. Holzhändler in Reinsdorf, *
Bottendorf/ Unstrut 02.11.1802, ~ Bottendorf/ Unstrut 03.11.1802, † Reinsdorf 25.10.1881
oo I. vor 1850 ... unbekannt, † vor August 1851, oo wohl bereits in Bottendorf; dort wohl auch Geburt zweier Söhne (*alles nicht im KB Reinsdorf*)
oo II. Nebra 10.08.1851 Justina Friederike Scheiding, * Nebra 20.04.1820, †
Reinsdorf 04.11.1897;
bei oo abweich. *datum
Quellen: KB NEB; private Familienarchive

5 Kinder von Nr. 2

3. Goedicke, Otto; Schiffer
Kriegsteilnehmer als Infanterist 1866 am Deutsch-Österreichischen Krieg
sowie am Deutsch-Französischen Krieg 1870/71
Quellen: Bobbe 1990, 34-36
4. Goedicke, Hugo, Schiffer, † Reinsdorf 04.02.1929
oo Ida N.N.
Kriegsteilnehmer als Infanterist 1866 am Deutsch-Österreichischen Krieg
sowie am Deutsch-Französischen Krieg 1870/71; Arbeiter und Hauseigen-
tümer
Quellen: Adress- und Geschäftshandbuch des Kreises Querfurt 1913 (unvoll-
ständige Kladde); Standesamt QFT; Standesamt Vitzenburg Tod unter 8/1929
beurkundet
5. Goedicke, Gustav, Schiffseigner in NEB, * Reinsdorf ca. 1855, † Nebra
05.09.1916, 61J
Quellen: KB NEB; Adress- und Geschäftshandbuch für den Kreis Querfurt,
Querfurt 1899, 106
6. **Gödicke, Hermann August**, Schlosser, Dampfmaschinist, * Reinsdorf
22.11.1857, ~ Reinsdorf 27.12.1857, † Potsdam 10.09.1932
oo Marion, Ohio, USA 31.05.1888 Katharina Waitz, * Hüttengesäß, Hessen-

Nassau 20.12.1867, † Marion, Ohio (USA) 20.04.1939
Quellen: KB NEB, Konfirmandenliste 1872; Kopie Geburtsschein; KB Hüttengesäß; FamilySearch/ ancestry 2013; Grabsteindatenbank mit Eintrag unter www.findagrave.com/memorial/192887647 2019; private Familienarchive

7. Gödicke, Auguste, * Reinsdorf, † nach 1881
   Quellen: Standesamt QFT: Auguste Gödicke zeigt 1881 als Tochter den Tod des Vaters Gottlob Heinrich Gödicke an

5 Kinder von Nr. 4

8. Gödicke, Margarethe Martha, * Reinsdorf 1883
   Quellen: Standesamt QFT Geburt 52/1893
9. Gödicke, Frieda Klara, * Reinsdorf 1887
   Quellen: Geburt Standesamt QFT 49/1887
10. Gödicke, Hermann Gustav Otto, * Reinsdorf 1889
    Quellen: Geburt Standesamt QFT Nr. 40/1889
11. Gödicke, Emma Ida Anna, * Reinsdorf 1891
    Quellen: Standesamt QFT Geburt 17/1891
12. Gödicke, Friedrich Hermann, Schlosser, * Reinsdorf 1900, † Reinsdorf 1973
    oo Frieda Götze, * 1901, † Reinsdorf 1987
    Quellen: Standesamt QFT Geburt 07/1900; Grabsteinabschriften Friedhof Reinsdorf durch H. Kettner, NEB.

2 Kinder von Nr. 5

13. Goedicke, Gerhard Emil Johann, Mechaniker, * Nebra 20.01.1881, ~ 03.05.1881, † Nebra 01.03.1900, [] 05.03.1900, 19J 1M 9T
    bei [] abweich. Gerhard Emil Gustav
    Quellen: KB NEB, Konfirmandenliste 1895
14. Goedicke, Gertrud, * Nebra 02.10.1882
    Quellen: KB NEB, Konfirmandenliste 1897

7 Kinder von Nr. 6

15. Schlaf, Anna Marie, ev., Schneiderin, * Nebra 09.01.1881, † Ruhla 31.01.1975
    Mutter: Friederike Wilhelmine Marie Schlaf * Nebra 18.07.1857 † Nebra 24.04.1945
    oo Nebra 09.08.1905 Friedrich Carl Ferdinand Bößiger, Fleischer, * Nebra 25.08.1876, † Nebra 20.02.1934
    Quellen: KB NEB; private Familienarchive
16. Goedicke, Alwina, Stenotypistin, Buchhalterin, * Marion, Ohio (USA)

18.06.1890, † Columbus, Ohio (USA) 22.12.1964
oo N.N. Lindenberg
Quellen: FamilySearch 2013; Grabsteindatenbank mit Eintrag unter
www.findagrave.com/memorial/192887780
17. Goedicke, Helen Louise, * Marion, Ohio (USA) 1891, † Marion, Ohio (USA)
07.08.1958
oo Marion, Ohio (USA) 20.07.1910 Keil Darwin Hochstetter, * Marion, Ohio
(USA) 10.04.1890, † Marion, Ohio (USA) 20.06.1969
Quellen: FamilySearch 2013; Grabsteindatenbank mit Eintrag unter
www.findagrave.com/memorial/192958529
18. Goedicke, Carl Henry, Maschinist, * Marion, Ohio (USA) 15.05.1894, †
Philadelphia, Pennsylvania (USA) 11.05.1959
oo Essex, Ontario, Canada 21.11.1912 Gladys M. Parratt, * Marion, Ohio
(USA) 1894, † Marion, Ohio (USA) 1960
Quellen: Census 1940; FamilySearch 2013; Grabsteindatenbank mit Eintrag
der geschiedenen Ehefrau unter www.findagrave.com/memorial/69936339
19. Goedicke, Herbert Paul, Kaufmann, * Marion, Ohio (USA) 22.02.1898, †
Marion, Ohio (USA) 31.07.1977
oo Marion, Ohio (USA) 28.08.1926 Wilda Edelmann, * 1897, † Marion, Ohio
(USA) 04.08.1938
Quellen: FamilySearch/ ancestry 2013; Grabsteindatenbank mit Eintrag unter
www.findagrave.com/memorial/192959000
20. Goedicke, Alfred, * Marion, Ohio (USA) 13.08.1905, † Marion, Ohio (USA)
1905
Quellen: FamilySearch/ ancestry 2013
21. Goedicke, ..., * Marion, Ohio (USA) 13.08.1905, † Marion, Ohio (USA) Aug.
1905
Quellen: FamilySearch/ ancestry 2013

Abkürzungen:

B	Bürger	Tö	Töchter
E	Einwohner	*	Geburt
J	Jahre	~	Taufe
KB	Kirchenbuch	oo	Hochzeit
M	Monate	†	Tod
NEB	Nebra	[]	Begräbnis.
NN	namentlich unbekannt		
o.J.	ohne Jahr		
QFT	Querfurt		
S	Sohn		
T	Tage		

weitere Bücher der Autorin
bei *tredition* erschienen - beim *dr. ziethen verlag* erschienen

 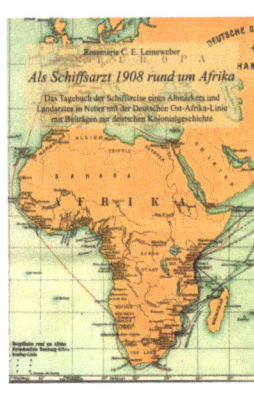 

**Langobarden einst
in Zethlingen**

Vom Kommen und
Gehen – Leben und
Sterben elbgermani-
scher Siedler vom 2.
bis 4. Jh. in der
Altmark

Hamburg 2019

Paperback   12,00 €
ISBN:
978-3-7482-5734-9

Hardcover   22,00 €
ISBN:
978-3-7482-6298-5

**Als Schiffsarzt 1908
rund um Afrika**

Das Tagebuch der
Schiffsreise eines Alt-
märkers und Land-
arztes in Nebra mit der
Deutschen Ost-Afrika-
Linie
mit Beiträgen zur deut-
schen Kolonialge-
schichte

2. erweiterte Auflage
Oschersleben 2018

Paperback   20,00 €
ISBN:
978-3-86289-119-1

*FALCO
GALEBENSIS*

Notizen zu einer
Gardeleger Bürger-
familie des 16. und 17.
Jahrhunderts

Oschersleben 2014

Paperback   14,99 €
ISBN:
978-3-86289-081-1

Zeitfracht Medien GmbH
Ferdinand-Jühlke-Straße 7
99095 Erfurt, Deutschland
produktsicherheit@kolibri360.de